NE QUID NIMIS

Rien de trop.
TÉRENCE.

Par J.-A.-A. ***

PARIS
Sumptibus Doctoris
6, RUE BAILLEUL, 6

1894

(Reproduction interdite)

NE QUID NIMIS

NE QUID NIMIS

Rien de trop.
TÉRENCE.

Par J.-A.-A. ★★★

PARIS
Sumptibus Doctoris
6, RUE BAILLEUL, 6
1894
—
(Reproduction interdite)

NE QUID NIMIS

Rien de trop !
TÉRENCE.

I. — Ce n'est pas mourir en brave que de mourir en fou.

II. — Il ne faut point s'ouvrir, ni trop parler. Le secret excite la vénération. On a toujours excepté les taciturnes du nombre des sots.

III. — Rendez-vous toujours nécessaire. Il vaut mieux trouver des gens dépendants que reconnaissants. Tenez-les en espérance.

Se fier à la reconnaissance, c'est simplicité. Autant la reconnaissance oublie, autant l'espérance se souvient. Le souvenir des bienfaits est à charge. Quand on a bu, on tourne le dos à la fontaine. Quand on a pressé l'orange, on la jette à terre : l'expérience le prouve.

IV. — Il faut se garder de vaincre son maître. Toute supériorité est odieuse. Vous ne trouverez personne qui veuille céder son esprit. Parlez comme des gens qui font souvenir, et non comme ceux qui enseignent.

V. — Ne vous passionnez jamais, c'est la marque de la plus grande sublimité d'esprit. C'est par là que l'homme se met au-dessus de toutes les impressions vulgaires. C'est aussi l'art de s'épargner bien des chagrins.

⁂

VI. — Ceux qui passent leur vie dans le barreau deviennent fourbes, dit Pline le Jeune.

⁂

VII. — La fortune se fait quelquefois à l'aide des amis, mais la renommée se gagne à force d'industrie. C'est le propre des gens de bien d'aspirer aux plus grandes choses.

⁂

VIII. — Traitez toujours avec ceux de qui vous pouvez apprendre. De ses amis, il en faut faire ses maîtres. La conversation familière doit servir d'école d'érudition et de politesse. Notre intérêt propre nous porte à converser.

IX. — Il n'y a point de beauté sans aide, ni de perfection sans art. Celui-ci corrige ce qui est mauvais et perfectionne ce qui est bon. Il faut donc en faire usage.

※※※

X. — La vie humaine est un combat contre la malice de l'homme même. L'homme adroit ne fait point ce qu'il montre avoir envie de faire. Il entend toujours le contraire de ce qu'on veut qu'il entende et, par là, il découvre aussitôt la feinte. Puis, quand son artifice est connu, il se sert de la vérité même pour tromper. Son artifice est de n'en pas avoir. Il devient d'autant plus indevinable qu'il n'y a rien à deviner.

**

XI. — Une mauvaise manière gâte tout. Elle défigure même la justice et la raison. Au contraire, une belle manière supplée à tout : elle dore le refus, adoucit ce qu'il y a d'amer dans la vérité. Elle dore les rides de la vieillesse.

Le *Comment* fait beaucoup en toutes choses. Une manière dégagée enchante les esprits et fait tout l'ornement de la vie, c'est le premier des préceptes. C'est l'extérieur qui nous frappe d'abord. Nous jugeons d'un homme que nous ne connaissons pas par le port. Concilie-toi la bienveillance et l'approbation universelles, sinon par inclination, du moins par art. Ce n'est qu'un petit défaut qu'un air rude, et il suffit pourtant pour dégoûter chacun de soi. Au contraire, l'agrément extérieur promet celui de l'esprit et cautionne la belle humeur.

Une belle manière se plaît à si bien dorer le " non " qu'il plaise mieux qu'un " oui " mal assaisonné.

XII. — C'est un nouveau genre de domination que de faire par adresse nos serviteurs de ceux que la nature a faits nos maîtres, et d'apprendre beaucoup en apprenant de tous. *C'est l'art de se servir des esprits auxiliaires.*

XIII. — Ne tenez pas toujours un même procédé. Il est aisé de tuer l'oiseau qui vole droit, mais non celui qui n'a point de vol réglé. Le fin joueur ne joue jamais la carte qu'attend son adversaire, encore moins celle qu'il [désire.

XIV. — La réalité n'a jamais pu égaler l'imagination. Fais en sorte que ta jouissance surpasse ton désir. L'on a coutume surtout d'estimer ce qui est inconnu. Le désir de l'homme est toujours un mensonge. Il ne trouve jamais tout ce qu'il avait pensé.

XV. — Il y a des règles de bonheur.
L'industrie y peut aider Comme l'imprudence est la source de toutes les disgrâces de la vie, la prudence et la vertu en font tout le bonheur.

⁂

XVI. — Une érudition aimable est la provision des honnêtes gens. L'art de converser a plus servi à quelques-uns, que les sept arts libéraux ensemble. Il y a des hommes doués de je ne sais quoi de savoureux et de familier, qui fait qu'ils sont recherchés avec empressement. Cette science est toute particulière : On ne l'apprend point dans les livres. Il faut une connaissance universelle de tout ce qui se passe dans le monde, agréable munition pour acquérir le goût de tout le monde.

Une lettre bien faite et un mot bien à propos, ont quelquefois mieux valu que beaucoup de science. Beaucoup de grands, négligeant les sciences, ne surpassent les autres hommes que par la facilité de contenter leurs sens. Vile fonction de la vie.

XVII. — L'examen de la religion est trop pénible et trop long. Il faut s'en tenir à celle de ses pères, à celle de son pays, à celle de celui qui a le pouvoir en main. *La théologie est la boîte de Pandore, et s'il est impossible de la refermer, il est au moins utile d'avertir que cette boîte si fatale est ouverte.*

Une philosophie raisonnable nous invite à répandre des fleurs sur le chemin de la vie ; à en écarter la mélancolie et les terreurs paniques ; à nous lier d'intérêt avec nos compagnons de voyage ; à nous distraire par la gaieté et par des plaisirs honnêtes, des peines et des traverses auxquelles nous nous trouvons si souvent exposés.

XVIII. — Epictète a dit que : toute la philosophie était renfermée dans ces deux mots : *Supportez et abstenez-vous. Sustine et abstine.*

⁂

XIX. — La débauche est un état de mort.

⁂

XX. — Le cœur s'endurcit par la répétition des mêmes excès. On parvient enfin à avaler l'iniquité comme l'eau.

⁂

XXI. — Pensez à régler en paix le présent, tout le reste est emporté comme un fleuve.

⁂

XXII. — Le flatteur ne s'attache qu'à ceux qui peuvent lui être utiles. Le pauvre n'a rien à craindre de sa part.

XXIII. — Le méchant ne fut jamais heureux : *Nemo malus felix.* Faites ce que vous devez faire : *Age quod agis.* Veillez à votre réputation : *Cura de bono nomine.* Prenez les hommes comme vous les trouverez : *Ut homo est, ita morem gestas.* Aimez, si vous voulez être aimé: *Si vis amari, ama.* Défiez-vous de ces personnes qui promettent beaucoup : *Multa fidem promissa levant.* Les amis s'éloignent d'un homme malheureux : *Viris infortunatis procul.*

amici. Choisissez s'il est possible vos bienfaiteurs : *Eligendus est cui debeas.* Les lois se taisent au milieu des armes : *Silent inter arma leges.*

Una dies aperit, conficit una dies : Elle s'épanouit et se passe en un jour. *Audaces fortuna juvat, timidosque repellit.* La fortune aide les audacieux, et repousse les timides. *Bene qui latuit, bene vixit.* Vivre caché, c'est vivre heureux.

La patrie est là où on se trouve bien : *Ubi bene, ibi patria.*

**

XXIV. — C'est par les détails ou les parties qu'on parvient au tout.

Combien de choses ne paraissent impossibles que faute de courage et d'expérience.

XXV. — La sensibilité et la confiance sont usées chez les vieillards ; mais le besoin les rapproche et la raison est leur lien.

※

XXVI. — Tout meurt, mais l'honnête homme a du moins en mourant, de l'emploi de ses jours le tableau consolant. Il voit la vérité qu'il a toujours chérie écrire ses bienfaits au livre des vertus, et le dénombrement des heureux qu'il a faits. Se concentrant alors dans sa philosophie, impassible et serein jusqu'au dernier moment, il dit : « Je vais mourir », — et meurt tranquillement.

※

XXVII. — Quand on écrit si bien ce qu'on sent, on ne le sent pas aussi bien qu'on l'écrit.

※

XXVIII. — On voit des hommes dont le caractère est de n'en avoir aucun.

※

XXIX. — Un médisant est comme le feu, qui ne pouvant brûler le bois, le noircit.

※

XXX. — La dissimulation est le plus grand gond sur lequel roulent les portes du Temple de la fortune.

⁂

XXXI. — On connaît par le sommeil et par les plaisirs de l'amour que l'on est mortel,

⁂

XXXII. — La beauté n'exige de nous des sacrifices que dans l'aveuglement de notre esprit et le sommeil de la raison.

⁂

XXXIII. — Tends sans cesse à la perfection, et cherche ton bonheur.

⁂

XXXIV. — Il est un point déterminé où tous les événements viennent aboutir. Il n'est question que de les prévoir et de les bien préparer.

XXXV. — L'homme d'un vrai mérite ne fraye point avec les femmes. Il y a trop de contraste entre elles et lui.

XXXVI. — Conduisez-vous avec tous les hommes comme s'ils étaient vos ennemis. Les fripons parlent sans cesse d'honneur et de justice ; dans tous les cas, gardez vos secrets dans votre cœur.

XXXVII. — Il n'y a presque rien d'impossible à ceux qui savent oser et souffrir.

XXXVIII. — L'unique lien de la société et de la confiance, *c'est la bonne foi*.

XXXIX. — L'ambition, passion des âmes fortes, déchaîne souvent toutes les passions.

XL. — La vigilance est l'âme des grandes et difficiles entreprises.

XLI. — C'est en prenant d'abord un ton respectueux et doux, qu'on peut s'insinuer par degrés dans les esprits et, s'en rendre ensuite le maître.

XLII. — Il faut tâcher de n'avoir aucune tache. A toute perfection, il y a un *si* ou un *mais*. C'est là que l'envie s'attache d'abord pour contrôler.

XLIII. — Il faut savoir modérer notre imagination. Elle trouble notre bonheur, lorsqu'elle prend un empire tyrannique. Pour quelques-uns, elle est un bourreau, en ne leur procurant que des peines.

XLIV. — Il ne suffit pas de savoir discourir, il faut aussi savoir bien entendre et deviner. Il y a des espions du cœur et des intentions. Les vérités qui nous importent davantage ne sont jamais dites qu'à demi. Prends-en le *demi*, ne crois pas à ce qui paraît avantageux, et réserve ta crédulité pour ce qui est odieux.

XLV. — Cherche à trouver le faible de chacun : C'est l'art de manier les volontés et de faire venir les hommes à son but.

Tous les hommes sont idolâtres : les uns de l'honneur, les autres de l'intérêt et la plupart de leurs plaisirs.

Il faut aller au premier mobile.

Il faut premièrement connaître le vrai caractère de la personne, puis lui tâter le pouls, l'attaquer par sa plus forte passion, et l'on est assuré ainsi de gagner la partie

XLVI. — Les sages ne se repaissent jamais des applaudissements du vulgaire. Les ignorants sont toujours dans l'étonnement.

XLVII. — Sois toujours du côté de la raison. Il y en a qui la suivent jusqu'au danger, puis la renient; d'autres, comme politiques, font semblant de ne pas la connaître. Les gens rusés se tiennent neutres.

XLVIII. — D'ordinaire le malheur est un effet de la folie, et il n'y a point de contagion plus dangereuse que celle des malheureux. Il faut les connaître pour les écarter, et les heureux pour s'en servir. Il ne faut jamais ouvrir la porte au moindre mal.

La vraie science au jeu est de savoir écarter.

XLIX. — Ayez le renom de contenter chacun.

Les vrais amis sont ceux qu'on se fait à force d'amitiés.

L. — Il faut savoir se soustraire. Il y a des occupations importunes qui rongent le temps le plus précieux.

Il ne faut pas être si tout à chacun, que l'on ne soit plus à soi-même.

LI. — Connaissez votre *fort* pour le cultiver. Bien des gens fussent devenus de grands personnages s'ils eussent connu leur vrai talent. Dans les uns, le jugement l'emporte; dans les autres, le courage. *Il faut d'abord bien se connaître et puis s'appliquer.*

Le cœur règne dans ceux-ci; la tête dans ceux-là.

Que l'homme prudent tâche donc de bien connaître son inclination et de l'accoutumer, sans prendre un empire despotique sur elle, à se mesurer avec ses forces, et quand une fois il aura reconnu son talent capital, qu'il le fasse valoir autant qu'il pourra.

⁂

LII. — Cherchez la vraie valeur des choses. Les fous ne périssent que faute de ne penser à rien. Ne les concevant pas, ils ne voient ni le dommage, ni le profit. Quelques-uns font grand cas de ce qui importe peu, et n'en font guère de ce qui importe beaucoup. Plusieurs, faute de sensibilité, ne sentent pas leur mal.

Il y a des choses auxquelles l'on ne saurait trop penser.

Le sage fait réflexion à tout, mais non d'une manière égale, car il creuse où il y a du fond, et quelquefois il pense qu'il y en a encore plus qu'il ne suppose, si bien que sa réflexion va jusqu'où est allée son appréhension.

LIII. — Sondez votre fortune et vos forces avant de vous embarquer dans aucune entreprise. C'est un grand point de savoir gouverner sa fortune. Elle a un flux et un reflux. Que celui qui l'a souvent éprouvée favorable ne cesse point de la presser, d'autant qu'elle est sujette à se déclarer pour les gens hardis. Que celui qui est décidément malheureux se retire.

LIV. — Devinez où portent de petits mots qu'on vous jette en passant et sachez en tirer du profit. C'est là le plus délicat endroit du commerce du monde. C'est le moyen le plus subtil de sonder les replis du cœur humain. Il y a des pointes malicieuses outrées et trempées dans le fiel de la passion. Ce sont des secousses électriques assez fortes pour faire lâcher prise à ceux qu'elles frappent. Un petit mot a souvent précipité du faîte de la faveur. D'autres, par un effet contraire, soutiennent et augmentent la réputation de ceux dont il est parlé. Jetés avec adresse, recevez-les avec précaution. La sûreté consiste à connaître l'intention.

LV. — Modérez-vous dans la bonne fortune : une belle retraite vaut bien une belle entreprise. Il faut savoir mettre sa gloire à couvert en se retirant. Plus les prospérités s'entassent les unes sur les autres, plus elles sont glissantes et sujettes au revers. La fortune se lasse de porter toujours le même homme. Elle rogne sur le temps de la jouissance ce qu'elle accorde en faveur.

LVI. — Ce qui ne peut plus avancer, recule.

Les choses ne sont jamais plus près de leur ruine que quand elles sont arrivées au plus haut degré où elles peuvent monter. Il y a un point de maturité jusque dans les fruits de l'entendement. Il est important de le connaître.

LVII. — Tâchez de vous faire aimer de tous.

L'habileté y contribue pour beaucoup. Un mérite éminent ne suffit pas pour être aimé. Il faut aimer, il faut donner de bonnes paroles. La courtoisie est la magie politique des grands personnages. Rien n'exige plus qu'on lui rende la pareille que l'amour.

Le premier mobile qui entraîne le peuple, c'est la courtoisie et la générosité.

LVIII. — N'exagérez point. Ne parlez jamais au superlatif. C'est blesser ou la vérité ou la prudence. Allez bride en main. Péchez plutôt par le trop peu que par le trop ; mesurez votre estime. L'excellence est rare. Il faut donc estimer rarement.

LVIX. — L'ascendant est une certaine force secrète de supériorité qui vient du naturel.

Chacun s'y soumet sans savoir comment. On cède à une vertu insinuante d'autorité naturelle. Ces hommes s'emparent du cœur et de la langue des autres. Quand ils ont les autres qualités, ils en font plus d'un *semblant,* que les autres avec tous leurs efforts et leur raisonnement. Cet empire est néanmoins achevé par l'art. Il a fait souvent passer pour excellence la médiocrité même. Ceux qui en sont privés entrent avec défiance dans les occasions, ce qui leur nuit beaucoup, privant l'esprit de sa liberté et de son activité.

L'ascendant se trouve dans la parole ; il fournit des expressions et des sentences, au lieu que la timidité suffit pour tarir le raisonnement. La sublimité des actions double de prix, quand la majesté les accompagne. Il est des hommes nés pour être supérieurs partout par le mérite. Il se répand en eux un esprit dominant jusque dans leurs plus communes actions.

LX.—Parle comme le vulgaire, mais pense comme le sage ; ne va point contre le courant. La contradiction passe pour une offense. Les mécontents se multiplient. La vérité est connue de très peu de gens. Les fausses opinions sont reçues de tout le reste du monde. Il ne faut pas juger d'un sage par les choses qu'il dit. Il évite autant d'être contredit que de contredire. Plus son jugement le porte à la censure, moins il la publie. L'opinion est libre, elle ne peut ni ne doit être violentée. Le sage se retire dans le sanctuaire de son silence, et s'il se communique quelquefois, ce n'est qu'à peu de gens, et toujours à d'autres sages.

LXI. — Sympathisez avec les grands hommes. Il y a une parenté des cœurs et des génies. Le vulgaire n'y entend rien. Cette sympathie passe de l'estime à la bienveillance et enfin à l'attachement. Elle persuade sans parler, elle obtient sans recommandation. Il y en a une active et une passive. Il n'y a rien dont la sympathie ne vienne à bout. Elle est l'A, B, C de l'amour. Sans elle, c'est folie de prétendre à conquérir des cœurs.

LXII. — Usons [de réflexion, mais sans en abuser. Elle ne doit être ni affectée ni connue. Tout artifice doit se cacher, encore plus toute précaution, parce qu'elle est odieuse. Soyez vigilant, mais sans le faire connaître, de peur de mettre les gens en défiance.

Le soupçon provoque la vengeance et fait penser à des moyens de nuire auxquels on ne songeait pas.

La grande perfection dépend de la pleine connaissance.

LXIII. — Rendons-nous maîtres de notre antipathie Elle s'attache gratuitement à ceux mêmes que nous ne connaissons pas et qui peuvent mériter le plus d'être aimés.

LXIV. — Evitez les engagements. C'est une des principales maximes de la prudence. Dans les grandes affaires, il y a bien du chemin avant d'en voir la fin. Ils en viennent le plus tard qu'ils peuvent à la rupture. Il est plus aisé de se soustraire que de sortir avec honneur.

Celui qui a la raison pour guide, va bride en main.

LXV. — Plus on a de fond, plus on est homme.

Le dedans doit toujours valoir une fois plus que ce qui paraît dehors. Il y a des gens qui n'ont que la façade. L'entrée sent le palais et le logement la cabane. Après la première salutation, la conversation finit. Les gens de discernement voient bientôt qu'ils sont vides au dedans.

**

LXVI. — L'homme judicieux et pénétrant maîtrise les objets et jamais n'est maîtrisé par eux. Sa sonde va droit au fond. Il s'entend parfaitement à faire l'anatomie des gens. Il est subtil à concevoir, judicieux à tirer ses conséquences.

Un bon jugement est la maîtresse clef du cœur d'autrui. Le vulgaire ne mord jamais que l'écorce, il avale tout, sans que le mensonge lui fasse mal au cœur.

**

LXVII. — L'homme de bien est plus redevable à sa propre sévérité qu'à tous les préceptes.

Craignez-vous vous-même. Caton fit toujours bien parce qu'il n'eût jamais pu faire autrement.

Chacun se dit innocent parce qu'on sait qu'il n'y a point de témoins. La plupart ne craignent que le mauvais renom. Le sage vivrait bien alors même qu'il n'y aurait point de lois. Il obéit à la raison.

LXVIII. — C'est un don du ciel d'être né homme de bon choix. Il faut le bon goût et le bon sens. Celui qui pèche de ce côté doit avoir recours au conseil ou à l'exemple pour procéder sûrement.

LXIX. — C'est un grand point que d'être toujours maître de soi-même. Cela prouve une grande âme qu'il est difficile d'ébranler.

LXX. — La diligence exécute promptement ce que l'intelligence pense à loisir. La précipitation est la passion des fous. Les sages pèchent plutôt en lenteur, par réflexion ; au reste la prompte exécution est la mère de la bonne fortune. En certains cas la précipitation approche fort de la peur, et la lenteur de la constance.

LXXI. — Les braves gens n'entendent point raillerie sur l'honneur. Quand on ne résiste pas à la première fois, on résiste encore moins à la seconde et c'est toujours de pis en pis. La même difficulté qui se pouvait surmonter au commencement est plus grande à la fin. La vigueur de l'esprit surpasse celle du corps. Il la faut toujours tenir prête ainsi que l'épée. C'est ainsi qu'on se fait respecter. La nature a mis dans l'abeille le miel et l'aiguillon et pareillement les nerfs et les os dans le corps humain.

Il faut un mélange de douceur et de fermeté. Régulus était d'un naturel doux et facile, mais furieux et vindicatif quand on l'offensait.

LXXII. — Celui qui sera maître de lui le sera bientôt des autres. La précipitation engendre souvent des avortons. Les choses échappent des mains avec la même facilité qu'elles y sont venues.

L'attente est le fruit des grands cœurs. Dans les hommes de petit courage, ni le temps ni le secret n'y sauraient tenir.

Hâtez-vous lentement. *Festina lente.*

LXXIII. — Il est des hommes d'une vivacité heureuse qui trouvent aisément de bons expédients et qui ne s'embarrassent de rien. Ces gens-là ont beaucoup de réputation parce qu'ils font juger qu'ils ont une capacité prodigieuse. Leur vivacité d'esprit supplée au défaut du profond jugement. L'heureuse promptitude dans les faits montre qu'il y a une éminente activité dans la cause.

***

LXXIV. — Les gens de réflexion sont les plus sûrs. Ce qui est bien, est à temps. Ce qui vaut beaucoup, coûte beaucoup.

Le *Tôt* et le *Tard* sont des accidents qui s'ignorent ou qui s'oublient, au lieu que le *Bien* est permanent. Dans les arts, la hâte ne vaut rien. Imitons la nature qui est des siècles entiers à former l'or et les pierres précieuses.

※

LXXV. — Mesurez-vous selon les gens. Ne vous piquez pas également d'habileté avec tous. Point de profusion. Gardez toujours du nouveau pour le lendemain, on entretient ainsi son crédit, ne laissant jamais voir les bornes de sa capacité.

※

LXXVI. — Il arrive rarement que ceux qui sortent soient accompagnés de la bonne fortune. Son plaisir est d'être caressante à ceux qui viennent et revêche à ceux qui s'en vont. La prudence met toute son application à bien finir. Toute la disgrâce reste pour la fin, ainsi que toute l'amertume est au fond d'une médecine.

La consolation des sages est de s'être retirés avant que la fortune se retirât.

LXXVII. — Quelques-uns naissent prudents. Ils entrent par un penchant naturel dans le chemin de la sagesse. Ils ont horreur du caprice. Le bon sens naturel précède toutes autres sciences qu'on saurait apprendre en ce monde.

LXXVIII. — Il ne peut y avoir de héros qu'il n'y ait en lui quelque qualité sublime. Si le ciel a refusé les talents naturels, l'application y doit suppléer par des talents acquis. Celui-là n'est pas compté pour *un* qui en vaut beaucoup d'autres.

LXXIX. — Servez-vous de bons instruments. Tout l'honneur retourne après à la cause principale et, pareillement, le blâme.

LXXX. — C'est un grand avantage au jeu d'être le premier en main, car on gagne à cartes égales. Les premiers ont le droit d'aînesse dans le partage de la réputation. Les autres ont beau se tourmenter, ils ne sauraient détruire l'opinion que le monde a qu'ils ne font qu'imiter. Les grands génies ont toujours cherché une nouvelle route ; mais avec la prudence pour guide. La moins frayée, quoique la plus difficile, mène plutôt à la grandeur. La nature a bien pu unir un sang avec un autre, mais non pas les esprits.

LXXXI. — C'est une science très utile que de savoir s'épargner du chagrin. Mauvaises nouvelles ne valent rien, ni à donner, ni à recevoir; il ne faut ouvrir la porte qu'à celles du remède.

Il ne faut jamais pécher contre soi-même pour complaire aux autres. Laisse autrui mécontent plutôt que de le devenir toi-même et sans remède.

LXXXII. — Le goût se cultive aussi bien que l'esprit. L'on juge de l'étendue de sa capacité par la délicatesse du goût. Une grande capacité a besoin d'un grand objet pour se contenter.

Les goûts se forment dans la conversation et l'on hérite à force de fréquenter. Recherchez donc les gens d'un excellent goût.

L'aigle regarde fixement le soleil, et le pauvre papillon s'éblouit à la lueur d'une chandelle.

LXXXIII. — Quelques-uns apprécient plutôt les procédés que le résultat. Le vainqueur n'a point de compte à rendre. Chacun juge par le résultat. Prenons donc bien nos mesures avant que d'entreprendre. Il est cependant un art qui est d'aller contre l'art quand on ne peut faire autrement. Il réussit quelquefois.

LXXXIV. — La plupart des choses dépendent de la satisfaction d'autrui. L'homme de mérite choisit l'emploi où chacun se connaît, pour avoir la voix de tous. Un discours poli et coulant chatouille les oreilles et charme l'entendement ; au contraire, la sécheresse d'une expression métaphysique choque ou lasse les auditeurs. Dans un festin, c'est au goût des convives que s'apprêtent les viandes et non à celui des cuisiniers.

LXXXV. — Un des plus grands talents de l'homme est d'avoir la présence d'esprit, faute de quoi plusieurs affaires viennent à manquer.

LXXXVI. — C'est un grand homme que celui qui ne donne point entrée aux impressions populaires. Il faut réfléchir sur soi-même, connaître son penchant et pour le prévenir aller même à l'autre extrémité, pour trouver l'équilibre de la raison entre la nature et l'art.

Une grande capacité ne suit pas le flux et le reflux des humeurs et des passions. Elle se trouve toujours au-dessus de cette grossière intempérance. Des gens appuient aujourd'hui la raison, demain la foulent aux pieds. Ils se contrédisent les premiers, ensuite tous les autres.

C'est la marque d'un riche fonds de savoir prévenir et corriger son humeur, d'autant que c'est une maladie de l'esprit où le sage doit se gouverner comme dans celle du corps. Il y a des impertinents si outrés qu'ils sont toujours estropiés de quelque passion ; on ne gagne rien sur eux par la raison, parce que n'en ayant point, ils n'en reçoivent aucune.

Ne se fâcher jamais, c'est vouloir être toujours bête ; mais continuellement et contre tout le monde, c'est une rusticité insupportable.

LXXXVII. — Il faut savoir refuser. Il y va de la manière. Il y a des gens qui ont toujours un *non* à la bouche. Ils gâtent ce qu'ils accordent ensuite. Faites goûter votre refus à petites gorgées. Il ne faut pas non plus tout refuser, de peur de désespérer. Laissez un reste d'espérance pour adoucir l'amertume du refus. Que la courtoisie remplisse le *oui* de la faveur et les bonnes paroles celui des effets. *Oui et non* sont bien courts à dire, mais pensez-y avant.

LXXXVIII. — L'homme prudent n'est point inégal ni irrégulier dans son procédé. Il est toujours le même à l'égard de ce qui est bon. S'il change quelquefois, c'est plutôt par les occasions et les affaires. Toute inégalité messied.

LXXXIX. — Il faut être homme de résolution. Il faut savoir se déterminer. L'irrésolution est pire que la mauvaise exécution. Il y a des affaires qui ne souffrent point de remise et où la témérité même vaut mieux que tous les conseils. Il est des hommes qui ne font rien sans y être poussés. Ce n'est souvent que par lenteur naturelle, ayant l'esprit vif et subtil. D'autres marchent ferme et sont nés pour les grands emplois. Tout ce qui tombe entre leurs mains est chose faite. De tels hommes marchent sous la caution de la bonne fortune. Chose faite vaut mieux que chose à faire ; rien ne nuit plus au temps que le temps.

XC. — On ne maîtrise la plupart des hommes qu'en captivant leur admiration.

XCI. — Veux-tu te corriger? consulte l'œil de ton ennemi ; car il apercevra le premier ton défaut.

XCII. — Il faut savoir trouver ses défaites. Les habiles gens avec un mot de galanterie sortent du plus difficile labyrinthe. Un sourire de bonne grâce leur fait esquiver la querelle la plus dangereuse. Une parole à double entente pallie agréablement un refus. Il n'y a rien de meilleur que de ne se faire jamais trop entendre. La présence d'esprit sert de refuge aux fautes et les répare même quelquefois si bien, qu'il est avantageux de les avoir faites.

XCIII. — Il ne faut point être inaccessible. Le difficile abord est le vice des gens dont les honneurs ont changé les mœurs. Ce n'est pas le moyen de se mettre en crédit pour monter. Ils faisaient la cour à tout le monde. Le vrai moyen de se venger d'eux, c'est de les laisser avec eux, afin que, tout commerce leur manquant, ils ne puissent jamais devenir sages.

XCIV. — Que chacun se propose d'imiter ceux qui ont excellé dans sa profession plutôt pour les devancer que pour les suivre. Rien n'inspire plus l'ambition que le bruit de la renommée d'autrui. Ce qui étouffe l'envie fait respirer le courage.

XCV. — Il ne faut pas toujours être sur le plaisant. Qui plaisante toujours n'est jamais homme tout à fait bon. La moquerie est suspecte comme le mensonge. Rien n'est plus déplaisant qu'une continuelle plaisanterie. Pour acquérir la réputation d'être galant, on perd celle d'être cru sage. Donnons quelques moments à la gaieté et tout le reste au sérieux. On devient bientôt ridicule à force de le contrefaire. Il faut en user comme du sel dans le manger. Un bouffon ennuyeux est comme une sonnette de plomb.

XCVI. — Accommodons-nous à toutes sortes de gens. Sage est le protée qui est saint avec les saints, docte avec les doctes, sérieux avec les sérieux, jovial avec les enjoués. C'est là le moyen de gagner tous les cœurs, la ressemblance étant le lien de la bienveillance. Discerner les esprits, entrer dans l'humeur et le caractère de chacun est un secret absolument nécessaire à ceux qui dépendent d'autrui. Il faut pour cela avoir beaucoup de connaissance et d'expérience.

⁂

XCVII. — Il est un art d'entreprendre à propos. La sagesse entre avec précaution. Il faut aller à pas comptés là où l'on doute qu'il y a de la profondeur. Le jugement essaie, la prudence poursuit. Il y a de grands écueils dans le commerce du monde. Il faut veiller à bien jeter son plomb.

⁂

XCVIII. — L'humeur joviale, sans excès, est plutôt une perfection qu'un défaut, elle assaisonne tout. Les grands hommes s'en servent pour se concilier la bienveillance de tous. D'autres se tirent d'affaire par un trait de belle humeur. Il y a des choses qu'il faut prendre en riant, quelquefois celles même qu'un autre prend tout de bon.

Une telle humeur est l'aimant des cœurs.

XCIX. — La vie se passe presque toute à s'informer. Ce que nous voyons est le moins essentiel. Nous vivons sur la foi d'autrui. La vérité arrive rarement pure à nous, elle prend quelque teinture des passions qu'elle rencontre sur sa route. Prends bien garde à celui qui loue, encore plus à celui qui blâme. Ici, il faut toute sa pénétration.

C. — Il est bon de renouveler sa réputation de temps en temps. La coutume diminue l'admiration. On ne regarde presque plus le soleil que quand il s'éclipse. Il est donc besoin de renaître en valeur.

*_**

CI. — Un sage dit que la sagesse est *Rien de trop*. Trop juste, devient injuste. L'orange trop pressée donne un jus amer. Dans la jouissance même, il ne faut jamais aller à aucune des extrémités. L'esprit même s'épuise à force de se raffiner. A vouloir tirer trop de lait, on fait venir le sang.

*_**

CII. — Il en est de la censure comme de la foudre qui tombe d'ordinaire sur les plus hautes montagnes. Affecte quelque petit défaut pour que l'envie ronge et répande tout son venin, pour l'empêcher de gagner au cœur.

Pline disait d'un orateur qu'il ne manquait en rien, sinon qu'il ne manquait jamais.

°

CIII. — Le moyen toujours sûr d'imposer à la multitude, c'est de se vanter beaucoup.

°

CIV. — Peu lire et beaucoup méditer sur les lectures est le seul moyen d'en profiter.

°

CV. — De tous les accidents de la vie, le plus difficile à supporter est le changement de fortune. Ceux qui ont toujours été malheureux ne le sont point.

CVI. — Les défauts d'un homme se présentent toujours aux yeux de celui qui l'attend.

※

CVII. — Une âme insensible est un piano sans touches.

※

CVIII. — C'est la place et non celui qui l'occupe qui attire l'hommage des hommes.

※

CIX. — La saine politique et la probité sont inséparables.

※

CX. — Avec certaines personnes, il est bon en leur parlant de préparer le trait et d'amollir la partie qu'on veut percer.

⁂

CXI. — Cueva, Espagnol, était un puissant génie. Il comparait les choses anciennes avec celles de son temps, observait exactement les différences et les ressemblances des affaires, et combien ce qu'elles ont de différent change ce qu'elles ont de semblable. Il avait compris quelles sont les voies sûres, les véritables moyens et les circonstances capables de présager un bon succès aux grands desseins et qui le font presque toujours réussir. Cette pratique continuelle de lecture, de méditation et d'observation des choses du monde, l'avait élevé à former des conjectures presque certaines sur l'avenir. Il avait aussi de grands talents pour manier les affaires. Il écrivait et parlait avec un agrément inexprimable, se connaissait en hommes par instinct. Il avait un air toujours gai et ouvert, éloigné de la dissimulation jusqu'à approcher de la naïveté, une humeur libre et complaisante d'autant plus impénétrable que tout le monde croyait la pénétrer, des manières tendres, insinuantes et flatteuses qui attiraient le secret des cœurs les plus difficiles à s'ouvrir, toutes les apparences d'une entière liberté d'esprit dans les plus cruelles agitations.

CXII. — L'habitude répand de la douceur jusque dans le mépris de la volupté.

CXIII. — L'amour, disait le prince Eugène, est une de ces passions frivoles célébrées par les femmes avec beaucoup d'habileté pour étendre leur empire. C'est celle des cerveaux brûlés.

CXIV. — Fontenelle mourant, on lui demanda ce qu'il sentait : *Rien autre chose*, dit-il, *qu'une difficulté d'être.*

CXV. — Des gens qui n'ignorent rien de ce qui se passe dehors, sont souvent les derniers informés de ce qui se fait chez eux.

CXVI. — La satisfaction que l'on tire de la vengeance ne dure qu'un moment ; mais celle que donne la clémence est éternelle.

CXVII. — Il faut savoir saper en silence, découdre, mais non pas déchirer.

CXVIII. — L'on honore d'autant plus les personnes d'esprit que l'on en a soi-même beaucoup.

CXIX. — La plupart des hommes au lieu de tendre les bras aux conseils, y tendent les griffes.

CXX. — La colère est une passion ridicule qui peut faire beaucoup de mal et jamais de bien.

※※

CXXI. — Il y a des hommes qui ont toujours des distinctions prêtes pour couper une proposition en deux, et se sauver à travers si on les presse de trop près.

※※

CXXII. — On disait du roi de France Louis XII que ses yeux paternels ne se pouvaient lever sans rencontrer un ami.

※※

CXXIII. — Les gens rustiques n'ont jamais d'amis.

※※

CXXIV. — Si on pouvait approfondir les grands événements, on trouverait peut-être avec étonnement qu'ils ont été souvent produits par la plus petite cause.

°

CXXV. — Paris est plein, dit Voltaire, d'un nombre de sages obscurs qui jugent sainement de tout, qui vivent entre eux dans la communication de la raison, ignorés des grands et très redoutés de ces charlatans en tout genre qui veulent dominer sur les esprits.

°

CXXVI. — L'homme ignore les malheurs qui l'attendent, acquiert de l'expérience par ses fautes et aussitôt meurt.

⁂

CXXVII. — Pour être admiré, il faut toujours garder quelque chose pour le lendemain, de quoi repaître l'admiration.

⁂

CXXVIII. — Vivre dans l'embarras des affaires, c'est vivre à la hâte.

⁂

CXXIX. — L'irrésolution est pire que la mauvaise exécution.

⁂

CXXX. — L'on passe pour étrange en tout ce qu'on affecte.

CXXXI. — Se singulariser ne sert qu'à se faire passer pour un original.

*

CXXXII. — L'extrême sérieux est à charge.

*

CXXXIII. — Il faut garder les grands amis pour les grandes occasions.

*

CXXXIV. — Garde-toi de donner des armes aux transfuges de l'amitié, c'est-à-dire de leur faire confidence.

CXXXV. — Pour être aimé, il faut aimer. La sympathie est l'A,B,C, de l'amour. La haine est plus prompte que l'amour, l'amour est plus hardi que la haine. Etre prompt à aimer, c'est une imprudence.

***

CXXXVI. — Il est très difficile de se guérir de la bonne opinion de soi-même. Moins on vaut, plus on se flatte.

***

CXXXVII. — Il ne faut jamais ouvrir la porte au moindre mal, car il y en a toujours d'autres en embuscade. Dans l'adversité, il y a disette de tout.

L'imprudence est la source de toutes les disgrâces.

⁎

CXXXVIII. — La civilité est la magie politique des grands personnages. L'unique moyen d'être aimable, c'est d'être affable.

⁎

CXXXIX. — Il est honnête de céder dans les choses même où l'on a toute raison. Savoir contredire est une ruse propre à faire sortir le secret.

⁎

CXL. — La contestation tourne la conversation en petite guerre. Parler à propos vaut mieux que parler éloquemment. Les gens bourrus sont les fléaux de la conversation.

CXLI. — L'art de dissimuler est la science du plus grand usage.

II

CXLII. — IL FAUT PENSER AUJOURD'HUI POUR DEMAIN ET POUR LONGTEMPS.

Il n'y a point de cas fortuits pour ceux qui prévoient ni de pas dangereux pour ceux qui s'y attendent. Il ne faut pas attendre qu'on se noie pour penser au danger. Il faut prévenir par une mûre considération tout ce qui peut arriver de pis. Quelques-uns font et puis pensent, ce qui est plutôt chercher des excuses que des expédients. Toute la vie doit être à penser pour ne se point égarer. La réflexion et la prévoyance donnent la commodité d'anticiper sur la vie.

**

CXLIII. — IL FAUT SAVOIR FAIRE VALOIR CE QUE L'ON FAIT.

La plupart des hommes vont parce qu'ils voient aller les autres. C'est un grand point de savoir faire estimer sa drogue, soit en la louant, soit en lui donnant un beau nom; mais il faut que tout cela se fasse sans affectation. N'écrire que pour les habiles gens, c'est un hameçon général, parce que chacun le croit être. Il ne faut jamais traiter ses projets de communs ni de faciles, car c'est les faire passer pour triviaux. Tout le monde se plaît au singulier.

CXLIV. — IL FAUT SAVOIR DÉTOURNER LES MAUX SUR AUTRUI.

C'est une chose de grand usage parmi ceux qui gouvernent que d'avoir des boucliers contre la haine, c'est-à-dire des gens sur qui la censure et les plaintes communes aillent fondre. C'est une industrie supérieure à l'intelligence du peuple. C'est dans ce sens qu'il est de la sûreté du présent d'avoir des favoris qui en temps et lieu sont des victimes de la haine publique.

CXLV. — NE VOUS ASSOCIEZ JAMAIS AVEC PERSONNE AUPRÈS DE QUI VOUS AYEZ MOINS DE LUSTRE

Le plus accompli aura toujours le premier rôle. La lune luit tandis qu'elle est toute seule parmi les étoiles ; mais le soleil la dissipe. Ne t'approche jamais de ce qui pourrait t'éclipser. Telle femme paraît belle par la laideur ou la vieillesse de ses compagnes. Il ne faut point faire honneur aux autres aux dépens de sa réputation. Hante les personnes éminentes pour te faire, mais quand tu seras fait, accoste des gens médiocres. C'est pourquoi les princes souverains ne se doivent jamais entrevoir. Il faut éviter certaines comparaisons.

CXLVI. — FUYEZ D'ÊTRE OBLIGÉS DE REMPLIR UN GRAND VIDE.

Il est besoin de valoir le double de son prédécesseur pour l'égaler. Il est bien difficile de remplir un grand vide, attendu que d'ordinaire le premier paraît le meilleur parce qu'il est en possession. Il faut donc le surpasser. C'est souvent un malheur de succéder à un homme qui s'est acquis beaucoup de réputation.

CXLVII. — IL FAUT N'ÊTRE FACILE NI A CROIRE NI A AIMER.

La maturité du jugement se connaît à la difficulté de croire. Il est très ordinaire de mentir, il doit donc être extraordinaire de croire. Celui qui est facile à remuer se trouve souvent décontenancé. Mais il faut bien se garder de montrer du doute de la bonne foi d'autrui, car cela est offenser, attendu que c'est le traiter de trompeur ou de trompé. Outre cela, ne point croire est un indice de menteur, parce que celui-ci est sujet à deux maux : à ne point croire et à n'être point cru.

C'est aussi une espèce d'imprudence d'être facile à aimer ; on ment en parlant et aussi en faisant. Ne te fais jamais l'auteur de ce que tu ne sauras pas certainement.

CXLVIII. — IL FAUT AVOIR L'ART DE SE CONTENIR.

Le premier pas de la modération est de s'apercevoir que l'on se passionne. C'est par là qu'on entre en lice avec plein pouvoir sur soi. C'est avec cette réflexion dominante qu'il faut entrer en colère et puis y mettre fin. Le plus difficile de la course, c'est de s'arrêter tout court. Grande marque de jugement de rester ferme et sans trouble au milieu des saillies de la passion ; il faut toujours aller bride en main.

CXLIX. — CHOISISSEZ VOS AMIS.

Quelques-uns font leurs amis par l'entremise d'autrui et la plupart par hasard. On juge d'un homme par les amis qu'il a. Bien qu'un homme plaise, ce n'est pas à dire que ce soit un ami intime. Le bon esprit d'un ami est plus fertile que toute a bonne volonté des autres. Prends donc tes amis au choix et non au sort. Un ami prudent épargne bien des chagrins, au lieu qu'un qui ne l'est pas les multiplie et les entasse. Des amis de table ont les mains engourdies à l'heure de rendre service. L'amitié est une âme en plusieurs corps. Celui qui n'a point d'amis ne vit qu'à demi; s'il vient à tomber, il n'aura personne qui lui aide à se relever.

CL. — IL NE FAUT POINT SE TROMPER EN GENS.

C'est la pire et la plus ordinaire des tromperies. Il vaut mieux être trompé au prix qu'à la marchandise. Il y a bien de la différence entre entendre les choses et connaître les personnes, et c'est une fine philosophie que de discerner les esprits et les caractères des hommes. Il est aussi nécessaire de les étudier que d'étudier les livres. Un mauvais achat est toujours désagréable. Il semble reprocher une folie à l'acheteur.

CLI. — IL FAUT SAVOIR USER DE SES AMIS.

Il y va de grande adresse. Les uns sont bons pour s'en servir de loin ; et les autres pour les avoir auprès de soi. Tel qui n'a pas été bon pour la conversation, l'est pour la correspondance. Dans les amis, il ne faut pas seulement chercher le plaisir, mais encore l'utilité. Il y en a très peu qui puissent être donnés pour bons.

Savoir les conserver est plus que de les avoir su faire. Cherche-les tels qu'ils durent longtemps à le bien prendre. Les meilleurs sont ceux que l'on n'acquiert qu'après avoir longtemps mangé du sel avec eux. Il n'y a point de désert si affreux que de vivre sans amis. C'est l'unique remède contre la mauvaise fortune, c'est le soupirail par où l'âme se décharge. Vivre sans amis, c'est mourir sans témoins. Sans l'amitié, il n'y a point de bonheur au monde. Elle renferme l'honneur, le plaisir et le profit. Elle ne se trouve que parmi les gens de bien.

CLII. — IL FAUT SAVOIR SOUFFRIR LES SOTS.

Les sages ont toujours été mal endurants. L'impatience croît avec la science. La meilleure maxime de la vie, selon Epictète, c'est de supporter ; il a mis là la moitié de la sagesse. C'est de la tolérance que naît cette inestimable paix qui fait la félicité de la terre. Que celui qui ne se trouvera pas en humeur de supporter, en appelle à la retraite de soi-même, si tant est qu'il puisse bien se supporter lui-même.

CLIII. — IL FAUT PARLER SOBREMENT A SES ÉMULES PAR PRÉCAUTION, ET AUX AUTRES PAR BIENSÉANCE.

Il faut parler comme on fait dans un testament. Il faut s'y accoutumer dans ce qui n'importe point, pour n'y point manquer quand il importera. Quiconque est prompt à parler sera bientôt vaincu.

CLIV. — IL FAUT CONNAITRE LES DÉFAUTS OU L'ON SE PLAIT.

L'homme le plus parfait en a toujours quelques-uns dont il est ou le mari ou le galant. Il y en a dans l'esprit. Ce n'est pas que celui qui les a les ignore, mais c'est qu'il les aime. Se passionner, et se passionner pour des vices, ce sont deux maux. Ces défauts sont les taches de la perfection. C'est là qu'il y a belle occasion de se vaincre soi-même et de mettre le comble aux autres perfections. Chacun tend à ce but, et au lieu de louer tout ce qu'il y a à admirer, on s'arrête à contrôler un défaut, que l'on dit défigurer tout le reste.

CLV. — IL FAUT SAVOIR TRIOMPHER DE LA JALOUSIE ET DE L'ENVIE.

Il n'y a point de vengeance plus héroïque que celle qui tourmente l'envie, à force de bien faire. Chaque bon succès est un coup de poignard à l'envieux. Il meurt autant de fois qu'il entend revivre les louanges de l'envié. L'envie n'a point de jours de réjouissance.

⁎

CLVI. — IL NE FAUT JAMAIS PERDRE LES BONNES GRACES DE CELUI QUI EST HEUREUX POUR PRENDRE PITIÉ D'UN MALHEUREUX.

D'ordinaire, ce qui fait le bonheur des uns fait le malheur des autres. C'est le propre d'un misérable de gagner la bienveillance des gens. Que l'homme d'esprit prenne garde aux tours de main de la fortune. Fréquenter les malheureux n'est pas une marque de bon esprit. Il est bon de se faire aimer des petits, mais avec telle discrétion que l'on ne soit pas haï des grands.

⁎

CLVII. — IL FAUT TIRER QUELQUES COUPS EN L'AIR.

C'est le moyen de reconnaître comment sera reçu ce que l'on prétend faire. C'est par là qu'on tire à coup sûr, et qu'on est toujours maître de reculer ou d'avancer. On sonde les volontés et l'on sait où il fait bon mettre le pied. Cette prévention est très nécessaire pour demander à propos, pour bien placer son amitié et pour bien gouverner. Les gens d'État courent tout à rebours des autres ; c'est pour tromper leurs espions et embrouiller leurs raisonnements. Ils ne veulent point qu'on suive leurs traces. Ils feignent d'aller d'un côté et vont de l'autre. Ils publient une chose et en exécutent une autre. Pour dire *non*, ils disent *oui*.

CLVIII. — IL FAUT FAIRE BONNE GUERRE

On peut obliger un brave homme à faire la guerre; mais non à la faire autrement qu'il ne doit. La galanterie est plus plausible quand on en use envers un ennemi. Il ne faut pas vaincre seulement par la force, mais encore par la manière. La générosité a toujours eu le dessus.

L'homme de bien ne se sert jamais d'armes défendues. Il n'est pas permis de se servir et de se prévaloir de la haine pour se venger. Faites-le à force ouverte, mais non par des lâchetés et des coups fourrés. Un Espagnol répondit à quelqu'un qui le priait de garder fidèlement un secret qu'on lui avait confié : « Je n'ai jamais su votre secret, et si vous m'en avez confié un, je vous l'ai rendu en ne m'en souvenant plus. » Tout ce qui sent la trahison infecte le bon renom. Fuyez le moindre atome de bassesse, un brave homme doit s'en piquer.

⁂

CLIX. — DISCERNEZ L'HOMME QUI DONNE DES PAROLES D'AVEC CELUI QUI DONNE DES EFFETS.

Cette distinction est absolument nécessaire, ainsi que celle de l'ami de la personne et de l'ami de l'emploi. Aujourd'hui l'on ne se repaît point de paroles qui ne sont que du vent. L'on ne vit point de civilités, tout cela n'étant qu'une civile tromperie. Aller à la chasse des oiseaux avec de la lumière, c'est le vrai moyen de les éblouir. Les sots et les présomptueux se payent de vent. Les princes ne connaissent pas l'amitié, tous leurs amis sont ceux du roi. Il est impossible de marier l'amour

5.

avec la majesté. Soyez aussi retenu à offrir vos services, que circonspect à vous fier aux offres des autres. Les compliments affectés ou excessifs viennent toujours ou de gens qui trompent ou de gens trompés, parce que d'ordinaire ceux qui se sont laissé tromper en compliments payent les autres en même monnaie.

CLX. — IL FAUT SE SAVOIR AIDER.

Dans les rencontres fâcheuses, il n'y a point de meilleure compagnie qu'un grand cœur; et s'il vient à s'affaiblir, il doit être secouru contre les dangers qui l'environnent. Ne te rends point à la fortune, car elle t'en deviendrait insupportable. Quelques-uns s'aident si peu dans leurs peines, qu'ils les augmentent faute de les savoir porter avec courage. Celui qui se connaît bien trouve du secours à la faiblesse dans la réflexion.

L'homme de jugement sort de tout avec avantage, fût-ce du milieu des étoiles.

CLXI. — IL NE FAUT PAS DONNER DANS LE MONSTRUEUX.

Tous les éventés, les présomptueux, les opiniâtres, les capricieux, les entêtés d'eux-mêmes, les extravagants, les flatteurs, les bouffons, les nouvellistes, les auteurs de paradoxes, les sectaires, et enfin toutes sortes d'hommes déréglés, sont autant de monstres d'impertinence. Toute laideur de l'âme est toujours plus monstrueuse que n'importe quelle difformité du corps. Quand la raison manque, il n'y a rien à faire, parce que ce qui devait être cause d'une réflexion sérieuse sur ce qui donne matière à la risée publique, fait tomber dans la présomption de croire que l'on est admiré.

CLXII. — AYEZ PLUS D'ATTENTION A NE PAS FAILLIR UN COUP, QU'A EN BIEN TIRER CENT.

Quand le soleil luit, personne ne le regarde ; mais quand il s'éclipse, chacun le considère. Le vulgaire ne te comptera point les coups qui porteront, mais seulement ceux que tu manqueras. Les méchants sont plus connus par les murmures que les gens de bien par les applaudissements, et plusieurs n'ont été connus qu'après avoir failli. Tous les bons succès joints ensemble ne suffisent pas pour en effacer un seul mauvais. Désabuse-toi donc et tiens pour assuré que l'envie remarquera toutes tes fautes, mais pas une de tes belles actions.

CLXIII. — USEZ DE MÉNAGEMENT EN TOUTES CHOSES.

C'est le moyen de réussir dans les choses d'importance. Il ne faut pas à chaque fois employer toute sa capacité, ni montrer toutes ses forces. Jusque dans le savoir, il faut se ménager, car cela sert à doubler de prix. Il faut toujours avoir à qui en appeler quand il sera question de se tirer d'un mauvais pas. Le secours fait plus d'effet que le combat, parce qu'il est toujours accompagné de réputation de valeur. La prudence va toujours au plus sûr et c'est encore en ce sens qu'est vrai cet ingénieux paradoxe : *La moitié est plus que le tout.*

Vise à tout savoir, mais ne fais pas tout ce que tu sais.

CLXIV. — N'ABUSEZ PAS DE LA FAVEUR.

Les grands amis sont pour les grandes occasions. Il ne faut pas employer beaucoup de faveur en des choses de peu d'importance, ce serait la dissiper. L'ancre sacrée est toujours gardée pour la dernière extrémité. Si l'on prodigue le *beaucoup* pour le *peu*, que restera-t-il pour le besoin à venir? Aujourd'hui il n'y a rien de meilleur que les protecteurs, ni rien de plus précieux que la faveur. Elle fait et défait, jusqu'à donner de l'esprit et à l'ôter. La fortune a toujours été aussi marâtre aux sages, que la nature et la renommée leur ont été favorables. Il vaut mieux savoir conserver ses amis que ses biens. La première marche de l'escalier de la fortune est plus difficile à monter qu'une montagne. C'est au premier degré qu'est la difficulté, c'est là que la faveur se tient postée.

CLXV. — IL NE FAUT POINT S'ENGAGER AVEC QUI N'A RIEN A PERDRE.

C'est combattre à forces inégales. Celui qui a perdu toute honte n'a plus rien à perdre ni à ménager et alors se jette à corps perdu dans toutes sortes d'extravagances. La réputation, qui est d'un prix inestimable, ne se doit jamais exposer à de si grands risques. Après avoir coûté beaucoup d'années à acquérir, elle vient à se perdre en un moment. Il ne faut qu'un petit vent pour geler une abondante sueur. La considération d'avoir beaucoup à perdre retient un homme prudent. Dès qu'il pense à sa réputation, il envisage le danger de la perdre. Cette réflexion le retient, et il met son crédit à couvert. Tacite dit qu'un homme effaça la gloire de sa vie par une vanterie qu'il mit à la fin de son testament. Il est plus honteux de perdre sa réputation que de n'en point acquérir. C'est pourquoi ceux qui en ont acquis beaucoup en sont très jaloux et très ménagers.

CLXVI. — IL NE FAUT POINT ÊTRE DE VERRE DANS LA CONVERSATION, ENCORE MOINS DANS L'AMITIÉ.

Quelques-uns sont faciles à rompre et découvrent par là leur peu de consistance. Ils se montrent plus tendres à blesser que les yeux, on n'ose remuer devant eux, car le moindre geste les inquiète. D'ordinaire ce sont des gens pleins d'eux-mêmes, esclaves de leur volonté, idolâtres de leur sot point d'honneur.

CLXVII. — NE POINT VIVRE A LA HATE.

Savoir partager son temps, c'est savoir jouir de la vie. Plusieurs ont encore beaucoup à vivre qui n'ont plus de quoi vivre contents. Ils perdent les plaisirs, car ils n'en jouissent pas, et quand ils ont été bien avant, ils voudraient pouvoir retourner en arrière. Ce sont des postillons de la vie qui ajoutent à la course précipitée du temps l'impétuosité de leur esprit. Ils voudraient dévorer en un jour ce qu'ils pourraient à peine digérer dans toute leur vie. Ils vivent dans les plaisirs comme gens qui les veulent tous goûter par avance. Le désir même de savoir doit être modéré, pour ne pas savoir imparfaitement les choses. Hâte-toi de faire et jouis à loisir,

CLXVIII. — L'HOMME SUBSTANTIEL.

Tous ceux qui paraissent être des hommes ne le sont pas tous. Il y en a d'artificiels qui conçoivent de chimère et accouchent de tromperie. L'incertain, qui paraît beaucoup, fait plus d'effet que le certain qu'offre la vérité, parce que cela paraît peu. Mais à la fin leurs caprices aboutissent à mal, d'autant qu'ils n'ont point de fondement solide. Il n'y a que la vérité qui puisse donner une véritable réputation, et que la réalité qui tourne à profit. Une tromperie a besoin de beaucoup d'autres et par conséquent tout l'édifice n'est que chimérique. Un dessein mal conçu ne vient jamais à maturité. Le *beaucoup*, qu'il promet, suffit pour le rendre suspect, ainsi que l'argument qui prouve trop, ne prouve rien. Toutes les entreprises faites avec plus de chaleur que de raison ont des commencements vigoureux, mais la suite n'y répond pas.

CLXIX. — IL FAUT SAVOIR, OU ÉCOUTER CEUX QUI SAVENT.

Les défauts qui viennent du manque d'esprit sont incurables. Quelques-uns seraient sages s'ils ne croyaient pas l'être. Si tu prêtes l'oreille, tu recevras la Doctrine; et si tu prends plaisir à écouter, tu deviendras sage. Ce n'est point une diminution de grandeur ni une marque d'incapacité que de prendre conseil; au contraire, on se met en passe de devenir habile homme en se conseillant bien. Débats-toi avec la raison pour n'être point battu de l'infortune. Celui qui n'est pas sage de lui-même ne peut jamais être bien conseillé, ne crois donc pas qu'on prenne mauvaise opinion de tes lumières.

C'est de la prudence de celui qui se conseille que naissent les bons conseils et non des bons conseils que naît la prudence.

CLXX. — ÉVITEZ LE TROP DE FAMILIARITÉ DANS LA CONVERSATION.

Il n'est à propos ni de la pratiquer, ni de la souffrir. Celui qui se familiarise perd la supériorité et le crédit que lui donnait son air sérieux. En se divinisant, on s'attire du respect; en s'humanisant, du mépris. Plus les choses humaines sont communes, moins elles sont estimées. La communication découvre des imperfections que la retraite couvrait. Il ne se faut populariser avec personne ; point avec ses supérieurs à cause de l'indécence ; encore moins avec les petites gens que l'ignorance rend insolents; attendu que ne s'apercevant pas de l'honneur qu'on leur fait, ils présument qu'il leur est dû. La facilité est une branche de bas esprit. Tibère haïssait la flatterie, mais ne pouvait souffrir la liberté. Ce qui est désiré est toujours plus agréable que ce qui est possédé. On ne se soucie pas de voir ce qu'on est assuré de voir à son aise toutes les fois qu'on le voudra.

CLXXI. — IL FAUT CROIRE AU CŒUR & SURTOUT QUAND C'EST UN CŒUR DE PRESSENTIMENT.

Il ne le faut jamais dédire, car il a coutume de pronostiquer ce qui nous importe davantage. C'est un oracle domestique. Plusieurs ont péri parce qu'ils se défiaient trop d'eux-mêmes ; mais à quoi sert de se défier si l'on ne cherche pas le remède. Quelques-uns ont un cœur qui leur dit tout, marque certaine d'un riche fonds, car ce cœur les prévient toujours et sonne le tocsin aux approches du mal pour les faire courir au remède. Il est d'un homme sage d'aller au-devant des maux pour les écarter.

CLXXII. — SE RETENIR DE PARLER EST LE SCEAU DE LA CAPACITÉ.

Un cœur sans secret est une lettre ouverte. Où il y a du fonds, les secrets sont profonds. La retenue vient du grand empire que l'on a sur soi-même et c'est là ce qui s'appelle un vrai triomphe. L'on paye tribut à autant de gens que l'on se découvre. La sûreté de la prudence consiste dans la modération intérieure. Les pièges que l'on tend à la discrétion sont de contredire pour tirer une explication, et de jeter des mots piquants pour faire prendre feu. C'est alors que l'homme sage doit se tenir plus resserré. Les choses que l'on veut faire ne se doivent pas dire, et celles qui sont bonnes à dire ne sont pas bonnes à faire.

⁎

CLXXIII. — IL NE FAUT JAMAIS SE RÉGLER SUR CE QUE L'ENNEMI AVAIT DESSEIN DE FAIRE.

Un sot ne fera jamais ce que juge un homme d'esprit parce qu'il ne sait pas discerner ce qui est à propos. Les matières doivent être examinées et préparées à *pour* et à *contre*, en sorte que l'on soit prêt à *oui* et à *non*. L'indifférence doit être attentive, non pas tant pour ce qui arrivera que pour ce qui peut arriver.

CLXXIV. — IL NE FAUT PAS MENTIR, MAIS NE PAS DIRE TOUTES LES VÉRITÉS.

Rien ne demande plus de circonspection que la vérité, car c'est se saigner au cœur que de la dire. Il faut autant d'adresse pour savoir la dire que pour savoir la taire. Par un seul mensonge, on perd tout ce qu'on a de bon renom. La tromperie passe pour une fausse monnaie, et le trompeur pour un faussaire. Toutes les vérités ne se peuvent pas dire. La vérité est amère. Il la faut adoucir le plus qu'on peut. Elle n'est point imprudente, il faut donc la taire lorsqu'il y a du danger à la dire.

CLXXV. — UN GRAIN DE HARDIÈSSE TIENT LIEU D'UNE GRANDE HABILETÉ.

Il est bon de ne pas se former une si haute idée des gens que l'on en devienne timide devant eux. Que l'imagination n'avilisse jamais le cœur. Quelques-uns paraissent gens d'importance jusqu'à ce que l'on traite avec eux ; mais on se désabuse bientôt par la communication. Personne ne sort des bornes étroites de l'homme. Chacun a son *si*, les uns quant à l'esprit, les autres quant au génie. La dignité donne une autorité apparente ; mais il est rare que les qualités personnelles y répondent, car la fortune a coutume de ravaler la supériorité de l'emploi par l'infériorité du mérite. L'imagination va toujours loin, elle ne connaît pas seulement ce qu'il y a, mais encore ce qu'il pourrait y avoir. C'est à la raison de la corriger, après s'être désabusée de tant d'expérience. Si l'assurance sert bien à ceux qui ont peu de fonds, à plus forte raison à ceux qui en ont beaucoup. La timidité affaiblit les esprits.

CLXXVI. — IL NE FAUT POINT S'ENTÊTER.

Tous les sots sont opiniâtres et tous les opiniâtres sont des sots. Plus leurs sentiments sont erronés, moins ils en démordent. Il est poli de céder et c'est celui qui a raison, et en outre on voit que la galanterie en est encore. Etre opiniâtre, ce n'est pas défendre la vérité, mais montrer sa rusticité. Il y a des têtes de fer très difficiles à convaincre. L'inflexibilité doit être dans la volonté et non dans le jugement; bien qu'il y ait des cas d'exception, il ne faut pas se laisser gagner ni vaincre doublement, c'est-à-dire dans la raison et dans l'exécution.

CLXXVII. — NE SOYEZ POINT CÉRÉMONIEUX.

Le pointilleux est fatigant. Il y a des nations entières malades de cette délicatesse. La robe de la sottise se coud à petits points. Ces idolâtres du point d'honneur montrent bien que leur honneur est fondé sur peu de choses puisque tout leur paraît capable de le blesser. Il est bon de se faire respecter ; mais il est ridicule de se faire passer pour un grand maître de compliments. Celui-là ne se fait pas estimer habile homme qui s'arrête trop aux formalités. Les Romains accordaient volontiers tout, quand on leur cédait l'essentiel qui est la domination.

CLXXVIII. — N'EXPOSEZ JAMAIS VOTRE CRÉDIT AU RISQUE D'UNE SEULE ENTREVUE.

Car si l'on n'en sort pas bien, c'est une perte irréparable. Il arrive souvent de manquer une fois et particulièrement la première. Il y a un proverbe qui dit : *Ce n'est pas mon jour*. Répare à la seconde fois ou que la première serve de garant à la seconde. L'on doit toujours avoir son recours à *mieux* et de *beaucoup* appeler à *davantage*. Les affaires dépendent de certains cas fortuits et même de plusieurs. Il en est de favorables qui passent rapidement et qu'il faut par conséquent prendre de volée.

CLXXIX. — DISCERNEZ LES DÉFAUTS QUOIQUE ILS SOIENT DEVENUS A LA MODE.

Bien que le vice soit paré de drap d'or, l'homme de bien ne laisse pas de le reconnaître. Il a beau se déguiser, on s'apercevra qu'il est de fer. Il veut se couvrir de la noblesse de ses partisans, mais il ne dépouille jamais sa bassesse. Les vices peuvent bien être exaltés, mais non exalter. Quelques-uns remarquent que tel héros a un tel vice ; mais ils ne considèrent pas que ce n'est pas ce vice qui l'a érigé en héros. L'exemple des grands persuade jusqu'aux choses les plus infâmes. Des choses se tolèrent dans les grands qui sont insupportables dans les petits.

CLXXX. — FAITES PAR VOUS-MEME CE QUI EST AGRÉABLE ET PAR AUTRUI CE QUI VOUS EST ODIEUX.

L'un concilie la bienveillance, l'autre écarte la haine. Il arrive rarement de donner du chagrin à autrui sans en prendre soi-même soit par compassion ou par réciprocité. Les causes supérieures n'opèrent jamais qu'il ne leur en revienne ou louange ou récompense. Que le bien vienne immédiatement de toi et le mal par un autre. Il en est du vulgaire comme des chiens, faute de connaître la cause de son mal, il jette sa rage sur l'instrument. Beaucoup de princes ne se font des favoris que pour cela et ce qu'on attribue d'ordinaire à la faiblesse est très souvent un effet de leur politique. Mille gens disent en faisant ces injustices : *C'est le prince qui le veut.* Le prince fait à son tour porter la malle à quelqu'un.

CLXXXI. — PORTEZ TOUJOURS EN COMPAGNIE QUELQUE CHOSE A LOUER.

Il faut fournir matière à la conversation. C'est une manière politique de rendre la courtoisie aux personnes présentes qui ont les mêmes perfections. D'autres au contraire apportent toujours de quoi blâmer et flattent ceux qui sont présents en méprisant les absents, ce qui leur réussit auprès de ces gens qui ne regardent qu'au dehors et qui ne voient pas la finesse de parler mal des uns devant les autres. L'homme prudent doit prendre garde à tous les artifices. Ces gens ne font que donner le change en ajustant toujours leurs sentiments au lieu où ils se trouvent.

CLXXXII. — IL FAUT SE PRÉVALOIR DES BESOINS QU'A AUTRUI.

La privation est tout. Il y a des gens qui pour arriver à leur but se font un chemin par le désir des autres. Ils se servent de l'occasion, et provoquent le désir par la difficulté de l'obtention. Ils se promettent davantage de l'ardeur de la passion que de la tiédeur de la possession, d'autant que le désir s'échauffe à mesure que croît la répugnance. Le vrai secret d'arriver à ses fins est de tenir toujours les gens dans sa dépendance. Il faut être lent à accorder ce que l'on ne saurait ôter après l'avoir accordé. Les bonnes paroles des ministres du prince sont un petit vent qui rafraîchit un peu les prétendants ; mais qui n'en ôte pas la soif.

CLXXXIII. — TROUVEZ VOTRE CONSOLATION PARTOUT.

Il n'y a point d'ennui qui n'ait la sienne. *La chance en dit à femme laide*, dit le proverbe. Pour vivre longtemps il n'y a qu'à valoir peu. Le pot fêlé ne se casse presque jamais, il dure tant qu'on se lasse de s'en servir. Il semble que la fortune porte envie aux gens d'importance qui durent peu. Ceux qui ne sont bons à rien sont éternels, soit parce qu'ils paraissent aussi être tels. Il semble que le sort et la mort sont de concert à oublier un malheureux.

CLXXXIV. — NE VOUS REPAISSEZ PAS D'UNE COURTOISIE EXCESSIVE.

Quelques-uns enchantent les sots et les présomptueux par le seul attrait d'une révérence. Ils font marchandise de l'honneur et payent du vent de quelques belles paroles. Qui promet tout ne promet rien et les promesses sont autant de pas glissants pour les fous. La vraie courtoisie est une dette. Ce n'est pas que la flatterie soit une connaissance du mérite, mais une recherche de l'utilité qu'ils espèrent.

CLXXXV. — L'HOMME DE GRANDE PAIX EST HOMME DE LONGUE VIE.

Pour vivre, laisse vivre. Les pacifiques règnent. Il faut ouïr, voir et se taire. Le jour passé sans débat fait passer la nuit en sommeil. Vivre beaucoup est le fruit de la vie, je dis « paix intérieure ». Celui-là a tout qui ne se soucie point de tout ce qui ne lui importe point. Il n'y a rien de plus impertinent que de prendre à cœur ce qui ne nous touche point et de ne pas laisser entrer ce qui nous importe.

CLXXXVI. — VEILLE DE PRÈS SUR CELUI QUI ENTRE DANS TON INTÉRÊT, POUR SORTIR AVEC LE SIEN.

Il n'y a point de meilleur préservatif contre la finesse que la précaution.

Quelques-uns font leurs affaires en paraissant faire celles d'autrui, de sorte qu'à moins d'avoir le contre-chiffre des intentions, l'on se trouve à chaque pas contraint de se brûler les doigts pour sauver du feu le bien d'un autre.

CLXXXVII. — IL FAUT JUGER MODESTEMENT DE SOI-MÊME ET DE SES AFFAIRES, SURTOUT QUAND ON NE FAIT QUE COMMENCER A VIVRE.

Toutes sortes de gens ont hauts sentiments d'eux-mêmes et particulièrement ceux qui valent le moins. Chacun se figure une belle fortune et s'imagine être un prodige. L'espérance s'engage témérairement et puis l'expérience ne la seconde en rien. La vaine imagination a pour bourreau la réalité qui la détrompe. C'est donc à la prudence de corriger de tels égarements, et bien qu'il soit permis de désirer le *meilleur*, il faut toujours s'attendre au *pire* pour prendre en patience tout ce qui arrivera. C'est adresse de viser un peu plus haut pour mieux diriger ses coups ; mais il ne faut pas tirer si haut que l'on vienne à faillir dès le premier. Cette réforme de son imagination est nécessaire, car la présomption sans l'expérience ne fait que radoter. Il n'y a point de remède plus universel contre toutes les impertinences que le bon entendement. Que chacun connaisse la sphère de son activité et de son état, ce sera le moyen de régler l'opinion de soi-même sur la réalité. Le jugement est le trône de la prudence. Lorsque les bons tireurs ont à tirer à un but fort éloigné, ils visent beaucoup plus haut que n'est le but, non pas pour envoyer leur flèche si haut, mais pour mieux diriger leur coup, en prenant ainsi leur visée. Une mère disait : *Mon fils, je prie Dieu de te donner assez d'entendement pour savoir te gouverner.*

CLXXXVIII. — IL FAUT SAVOIR ESTIMER.

Il n'y a personne qui puisse être le maître d'un autre en quelque chose. Celui qui excelle trouve toujours quelqu'un qui excelle davantage. Savoir cueillir ce qu'il y a de bon dans chaque homme, c'est un utile savoir. Le sage estime tout le monde, parce qu'il sait ce que chacun a de bon et ce que les choses coûtent à les faire bien. Le fou n'estime personne, d'autant qu'il ignore ce qui est bon et que son choix va toujours au pire.

CLXXXIX. — CONNAITRE SON ÉTOILE.

Quelques-uns ont accès chez les princes et chez les grands sans savoir ni comment, ni pourquoi, si ce n'est que leur sort leur en a facilité l'entrée ; en sorte qu'il ne faut qu'un peu d'industrie pour maintenir la faveur. D'autres se trouvent comme nés pour plaire aux sages. Tel est mieux reçu dans une ville, dans un pays que tant d'autres, réussit mieux dans cet emploi-ci que dans celui-là, et c'est sans qu'on en puisse donner raison. Le sort fait et défait comme et quand il lui plaît. Chacun doit donc s'étudier à connaître son destin et à sonder sa Minerve ; de là dépend toute la perte ou tout le gain. Qu'il sache s'accommoder à son sort et qu'il se garde bien de le vouloir changer, car ce serait manquer la route que lui marque l'étoile du nord.

CXC. — NE VOUS EMBARRASSEZ JAMAIS AVEC LES SOTS.

C'en est un que celui qui ne les connaît pas et encore plus celui qui les connaissant ne s'en défait pas. Il est dangereux de les hanter et pernicieux de les appeler à sa confiance, car bien que leur propre timidité et l'œil d'autrui les retiennent quelque temps, leur extravagance s'échappe toujours à la fin, parce qu'ils n'ont différé de la rencontrer que pour la rendre plus solennelle. Il est bien difficile que celui qui ne sait pas conserver son propre crédit puisse soutenir celui d'autrui. D'ailleurs les sots sont très malheureux, car la misère s'attache à l'impertinence comme la peau aux os. Les fous sont plus utiles aux sages que les sages aux fous, parce que les sages savent remarquer.

*_**

CXCI. — IL FAUT SAVOIR SE TRANSPLANTER.

La patrie est la marâtre des perfections éminentes. L'envie y règne comme dans son pays natal. L'on s'y souvient mieux des imperfections qu'un homme avait au commencement que du mérite par où il est parvenu à la grandeur. Une épingle a pu passer pour une chose de prix en passant d'un monde à l'autre, et quelquefois un verre a fait mésestimer un diamant pour être venu de loin. Tout ce qui est étranger est estimé parce qu'on le trouve tout fait et dans sa perfection. Nous avons vu des hommes qui étaient le rebut d'un petit canton et qui sont aujourd'hui l'honneur du monde étant également révérés de leurs compatriotes et des étrangers : des uns parce qu'ils en sont loin et des autres parce qu'ils sont de loin. Celui-là n'aura jamais beaucoup de vénération pour une statue qui l'a vue pied d'arbre dans un jardin. C'est pourquoi de plus grands hommes ont souvent abandonné leur patrie de naissance pour s'en faire une d'élection. Il n'y a point de pire séjour que celui de sa patrie, quand c'en est une où le mérite est odieux. C'est un défaut attaché à l'esprit de l'homme de ne regarder qu'avec envie la fortune de ceux à qui on était l'égal auparavant. Diogène répondit à ceux qui l'avaient banni de sa patrie : *Moi, je les condamne à y rester.*

⁎

CXCII. — SAVOIR SE METTRE SUR LE PIED D'HOMME SAGE ET NON D'HOMME INTRIGANT.

Le plus court chemin pour arriver à la réputation est celui des mérites. Si l'industrie est fondée sur le mérite, c'est le vrai moyen d'y parvenir. L'intégrité seule ne suffit pas. Il est donc requis d'avoir du mérite et de savoir s'introduire.

CXCIII. — IL FAUT TOUJOURS AVOIR QUELQUE CHOSE A DÉSIRER, POUR NE PAS ÊTRE MALHEUREUX DANS SON BONHEUR.

Le corps respire et l'esprit aspire. Si l'on était en possession de tout, l'on serait dégoûté de tout. Pour l'entendement, il faut aussi qu'il reste quelque chose à savoir. L'espérance fait vivre et le rassasiement de plaisir rend la vie à charge. En fait de récompense, il est habile de ne la donner jamais tout entière. Quand on n'a plus rien à désirer, tout est à craindre, c'est une félicité malheureuse. La crainte commence par où finit le désir. C'est peut-être pour cette raison qu'Alexandre distribua tous ses trésors à ses amis, disant qu'il se réservait l'*espérance*. Il en est du désir de l'homme comme des enfants qui pleurent pour avoir tout ce qu'ils voient et puis le jettent ou le rompent dès qu'ils l'ont eu entre les mains. Le dégoût prend également à ceux qui ont tout donné et à ceux qui ont tout reçu, par le chagrin de n'avoir plus à donner ni à espérer.

∗

CXCIV. — TOUS CEUX QUI PARAISSENT FOUS LE SONT ET ENCORE LA MOITIÉ DE CEUX QUI NE LE PARAISSENT PAS.

La folie s'est emparée du monde. Le plus grand fou est celui qui ne croit pas l'être et en accuse tous les autres. Pour être sage, il ne suffit pas de le paraître à soi-même. Celui qui ne s'aperçoit pas que les autres voient, ne voit pas lui-même. Quelque plein que le monde soit de fous et de sots, il n'y a personne qui le croie être, ni même qui s'en soupçonne.

CXCV. — LES DIRES ET LES FAITS RENDENT UN HOMME ACCOMPLI.

Il faut dire de bonnes choses et en faire de belles. L'un montre une bonne tête et l'autre un bon cœur, et l'un et l'autre naissent de la supériorité de l'esprit. Les paroles sont l'ombre des actions. La parole est la femelle et l'action est le mâle. Il vaut mieux être le sujet du panégyrique que le panégyriste. Il vaut mieux recevoir des louanges que d'en donner. Le *dire* est aisé, le *faire* est difficile. Les beaux faits sont la substance de la vie et les beaux mots en sont l'ornement.

L'excellence des faits est de durée, celle des dits est passagère. Les actions sont le fruit des réflexions. Les uns sont sages, les autres sont vaillants. Il vaut mieux être le vainqueur que le héros, je dis *hé-rault*.

CXCVI. — IL FAUT CONNAITRE LES EXCELLENCES DE SON SIÈCLE.

Elles ne sont pas en grand nombre. En tout un siècle, il se voit à peine un grand capitaine, un parfait orateur, un sage ; et il faut plusieurs siècles pour trouver un excellent roi. Plus la catégorie est sublime, plus il est difficile d'en atteindre le degré élevé : il y a eu peu de Sénèques et la renommée n'a préconisé qu'un seul Apelles.

*_**

CXCVI. — CE QUI EST DIFFICILE SE DOIT ENTREPRENDRE COMME S'IL ÉTAIT FACILE ET CE QUI EST FACILE COMME S'IL ÉTAIT DIFFICILE.

L'un de peur de perdre courage à force de trop craindre, l'autre de peur de se relâcher par trop de confiance. Pour manquer à faire une chose, il n'y a qu'à la compter pour faite : au contraire la diligence surmonte l'impossibilité. Quant aux grandes entreprises, il n'y faut pas raisonner. Il suffit de les embrasser quand elles se présentent, de peur que la considération de leur difficulté ne les fasse abandonner et ne refroidisse la première ardeur du courage.

CXCVIII. — SAVOIR JOUER DE MÉPRIS.

Le vrai secret d'obtenir les choses qu'on désire est de les dépriser. D'ordinaire, on ne les trouve pas quand on les cherche, au lieu qu'elles se présentent d'elles-mêmes quand on ne s'en soucie pas. C'est comme l'ombre qui fuit celui qui la suit, et poursuit celui qui la fuit. Le mépris est aussi la plus politique des vengeances. C'est la maxime universelle des sages de ne se défendre jamais avec la plume, parce qu'elle laisse des traces qui tournent plus à la gloire des ennemis qu'à leur humiliation, outre que cette sorte de défense fait plus d'honneur à l'envie que de mortification à l'insolence. C'est une finesse de petites gens que de tenir tête à de grands hommes pour se mettre en crédit par une voie indirecte faute d'y pouvoir être à bon droit. Bien des gens n'eussent jamais été connus, si d'excellents adversaires n'eussent pas fait état d'eux. Il n'y a point de plus haute vengeance que l'oubli, car c'est ensevelir ces gens-là dans la poussière de leur néant. Les téméraires s'imaginent s'éterniser en mettant le feu aux merveilles du monde et des siècles. L'art de réprimer la médisance, c'est de ne s'en point soucier ; y répondre, c'est se porter préjudice ; s'en offenser, c'est se discréditer et donner à l'envie de quoi se complaire, et ce défaut peut ôter à une beauté parfaite son plus vif éclat. Ce que Henry VIII, roi d'Angleterre, écrivit à Luther ne servit qu'à mettre celui-ci en crédit. C'est comme dans les tournois où les spectateurs ont toujours de la partialité pour le plus faible. Des gens prennent plaisir à se faire de grands ennemis. Quelquefois les princes laissent vivre des gens qui les ont offensés, par oubli plutôt que par clémence. Un homme disait : *Pourquoi médis-tu de moi ?* On lui répondit : *Parce que tu t'en soucies.*

CXCIX. — IL Y A PARTOUT UN VULGAIRE.

Dans la famille la plus accomplie, et chacun l'expérimente dans sa propre maison, il y a non seulement un vulgaire, mais encore un double vulgaire qui est le pire. Il est bien le plus dangereux, il parle en fou et censure en impertinent. Le vulgaire ne s'arrête qu'aux apparences et ne juge que par les événements ; il n'y a presque dans le monde que le vulgaire, il importe de le connaître pour pouvoir s'en délivrer.

CC. — USEZ DE RETENUE.

Il faut prendre garde à son fait surtout dans les cas imprévus. Les saillies des passions sont autant de pas glissants qui font trébucher la prudence : c'est là qu'est le danger de se perdre. Un homme s'engage plus en un moment de fureur ou de plaisir qu'en plusieurs heures d'indifférence. Quelquefois une petite échauffourée coûte un repentir qui dure toute la vie. La malice d'autrui dresse des embûches à la prudence, pour découvrir terre. Elle se sert de cette sorte de tournure, je dis torture, pour tirer le secret du cœur le plus caché. Il faut donc que la retenue fasse la contre-partie, et particulièrement dans les occasions chaudes. Il est besoin de beaucoup de réflexion pour empêcher une passion de se traduire au dehors ; celui-là est bien sage qui la mène par la bride. Quiconque connaît le danger marche à pas comptés ; une parole paraît aussi offensante à celui qui la recueille et la pèse, qu'elle paraît de peu de conséquence à celui qui la dit.

CCI. — NE POINT MOURIR DE MAL DE FOU.

D'ordinaire les sages meurent pauvres de sagesse. Au contraire, les fous meurent riches de conseil, parce qu'ils ne l'emploient jamais durant leur vie. Mourir en fou, c'est mourir de trop raisonner. Les uns meurent parce qu'ils sentent et les autres vivent parce qu'ils ne sentent pas ; en sorte que les uns sont fous parce qu'ils ne meurent pas de sentiment ; et les autres parce qu'ils en meurent. Mais quoique beaucoup de gens meurent en fous, très peu de fous meurent.

CCII. — NE DONNEZ POINT DANS LA FOLIE DES AUTRES.

C'est l'effet d'une rare sagesse, car tout ce que l'exemple et l'usage introduisent a beaucoup de force. Quelques-uns qui ont pu se garantir de l'ignorance particulière, n'ont pas pu se soustraire à l'ignorance générale. C'est un dire commun que personne n'est content de sa condition, bien que ce soit la meilleure ; ni mécontent de son esprit bien que ce soit le pire. Chacun envie le bonheur d'autrui, faute d'être content du sien ; ceux d'aujourd'hui louent les choses d'hier et ceux-ci celles de demain. Tout le passé paraît meilleur, et tout ce qui est éloigné est plus estimé. Aussi fou est celui qui se rit de tout que celui qui se chagrine de tout. Toute notre vénération est pour le passé et toute notre envie contre le présent, parce qu'il nous semble que le présent nous est à charge, au lieu que le passé nous instruit.

CCIII. — SAVOIR JOUER DE LA VÉRITE.

Elle est dangereuse ; mais pourtant l'homme de bien ne peut pas laisser de la dire ; et c'est là qu'il est besoin d'artifice. Les habiles médecins de l'âme ont essayé de tous les moyens pour l'adoucir, car quand elle touche au vif, c'est la quintessence de l'amertume. La discrétion développe là toute son adresse. Avec une même vérité elle flatte l'un et assomme l'autre. Il faut parler à ceux qui sont présents sous le nom des absents ou des morts. A un bon entendeur il ne faut qu'un signe et quand cela ne suffit pas, le meilleur expédient est de se taire. Les princes ne se guérissent pas avec des remèdes amers. Il est de l'art de la prudence de leur dorer la pilule. Après plusieurs consultations sur les moyens de rappeler la vérité dans le monde, il fut délibéré de la détremper avec force sucre et de la saupoudrer avec beaucoup d'ambre, après quoi on la donnerait à boire aux hommes dans une tasse d'or et non dans un verre, de peur qu'ils ne la voient au travers. L'on commença par les princes, afin qu'à leur exemple tout le monde en voulût boire. Mais comme ils ont l'odorat très fin, ils sentirent d'une lieue l'amertume de cette boisson et commencèrent d'avoir mal au cœur et de s'efforcer à vomir. Aujourd'hui de dire la vérité, cela s'appelle sottise ou bêtise. Aussi personne ne la veut dire à ceux qui n'ont pas coutume de l'entendre. Il ne reste plus rien d'elle dans le monde que quelques parcelles et encore ne se montrent-elles qu'avec *mystère*, cérémonie et précaution. Avec les princes, on biaise toujours. La vérité est une demoiselle qui a autant de pudeur que de beauté, et c'est pour cela qu'elle va toujours voilée. Maintenant, le *désabusement* est politique. Il va d'ordinaire entre deux lumières, ou pour se retirer, aux ténèbres de la flatterie s'il rencontre un sot, ou pour passer à la lumière de la vérité s'il rencontre un homme d'esprit. C'était pour la savoir que des princes tenaient des fous auprès d'eux. Ils étaient à leurs côtés, non pour les divertir, mais pour les avertir.

CCIV. — LE MONDE TIENT DU PLAISIR ET DE LA PEINE.

Il y a une alternative de sort. Ni tout ne saurait être bonheur, ni tout être malheur. C'est sagesse d'être indifférent à tous les changements du monde : parce que la nouveauté n'est point le fait des sages. Notre vie se joue comme une comédie ; sur la fin, elle vient à se dégager ; le point est de la bien finir.

CCV. — RÉSERVEZ-VOUS TOUJOURS LE FIN DE L'ART.

Les grands maîtres usent de cette adresse, lors même qu'ils enseignent leur métier.

Il faut toujours garder une supériorité et rester le maître en communiquant son art : il est besoin de le faire avec art. Il ne faut jamais épuiser la source d'enseigner, ni celle de donner. C'est par là que l'on conserve sa réputation et son autorité en matière de plaire et d'enseigner. C'est un grand précepte à garder, que d'avoir toujours de quoi satisfaire l'admiration en poussant la perfection toujours plus avant en toutes professions et particulièrement dans les emplois les plus sublimes. Ç'a été une grande règle de vivre et de vaincre que de ne se pas prodiguer.

CCVI. — IL FAUT SAVOIR CONTREDIRE...

C'est une excellente ruse quand on le sait faire, non pour s'engager, mais pour engager. C'est l'unique procédé pour faire saillir les passions. La lenteur à croire est un moyen qui fait sortir les secrets. C'est la clef pour ouvrir le cœur le plus renfermé. Ce double moyen de sonder la volonté et le jugement demande une grande dextérité. Un mépris adroit par quelque mot mystérieux arrive à donner la chasse aux plus impénétrables secrets et par un surprenant attrait les fait venir jusque sur le bout de la langue pour les prendre dans les filets de la ruse. Un doute affecté est une fausse clef à fine trempe par où la curiosité entre en connaissance de tout ce qu'elle veut savoir en matière d'apprendre. C'est un trait d'adresse du disciple que de contredire son maître, d'autant que c'est une obligation qu'il lui impose, de s'efforcer à expliquer plus clairement et plus solidement la vérité ; de sorte que la contradiction modérée donne occasion à celui qui enseigne d'enseigner à fond.

CCVII. — D'UNE FOLIE N'EN FAITES PAS DEUX.

Il est très ordinaire, après une sottise faite, d'en faire quatre autres pour la rhabiller. L'on excuse une impertinence par une autre plus grande. La défense d'une mauvaise cause a toujours été pire que la cause même. C'est un mal plus grand que le mal même, de ne le savoir pas couvrir. L'homme le plus sage peut bien faillir une fois, mais non pas deux ; en passant et par inadvertance, mais non de sens rassis.

CCVIII. — AYEZ L'ŒIL SUR CELUI QUI JOUE DE SECONDE INTENTION.

C'est une ruse d'homme de négociation, d'amuser la volonté pour l'attaquer, car elle est vaincue dès qu'elle est convaincue. Il dissimule sa prétention pour y parvenir. Il se met le second en rang pour être le premier en exécution ; il assure beaucoup sur l'inadvertance de son adversaire. Ne laisse donc pas dormir ton attention, puisque l'intention de ton rival est si éveillée. C'est à la précaution de reconnaître l'artifice dont la personne se sert et de remarquer les visées qu'elle prend pour frapper au but de sa prétention. Comme elle propose une chose et en prétend une autre et qu'elle se tourne et retourne pour arriver finement à ses fins, il faut bien regarder à ce qu'on lui accorde ; et quelquefois même il sera bon de lui donner à entendre que l'on a compris sa pensée.

⁎

CCIX. – PARLEZ NET.

Quelques-uns conçoivent bien et enfantent mal. Car sans la clarté les enfants de l'âme, c'est-à-dire les pensées et les expressions, ne sauraient venir au jour. Il en est de certaines gens comme de ces pots qui contiennent beaucoup et donnent peu. Au contraire, d'autres en disent encore plus qu'ils n'en savent. Ce que la résolution est dans la volonté, l'expression l'est dans l'entendement. Les esprits nets sont louables. Souvent les esprits confus ont été admirés pour n'avoir pas été entendus. Quelquefois l'obscurité sied bien pour se distinguer du vulgaire. Des princes affectent de parler ambiguëment pour parler comme les oracles.

CCX. — IL NE FAUT NI AIMER NI HAIR POUR TOUJOURS.

Vis aujourd'hui avec tes amis, comme avec ceux qui peuvent être demain tes pires ennemis. Aime comme pouvant haïr, et hais comme pouvant aimer. Cette maxime semble saper le principal fondement de l'amitié qui est la confiance ; mais puisque cela se voit par l'expérience, il est bien juste de donner dans la prévention. Garde-toi de donner des armes aux transfuges de l'amitié, d'autant qu'ils t'en font la plus cruelle guerre. Au contraire, à l'égard de tes ennemis, laisse toujours une porte ouverte à la réconciliation. Il faut quelquefois dénouer une amitié, mais jamais la rompre. La galanterie est la voie la plus sûre pour renouer. Quelquefois la vengeance d'auparavant a été la cause du regret d'après et le plaisir pris à faire du mal s'est tourné en déplaisir de l'avoir fait. Il vaut mieux pardonner que de se repentir.

⁎

CCXI. — NE RIEN FAIRE PAR CAPRICE, MAIS TOUT AVEC CIRCONSPECTION.

Tout caprice est un mal : C'est le fils aîné de la passion qui fait tout à rebours. Il y a des gens qui tournent tout en petite guerre. Dans la conversation, ce sont des brigands ; de tout ce qu'ils font, ils voudraient en faire un triomphe. Ils ne savent ce que c'est que d'être pacifiques. En matière de commander et de gouverner, ils sont dangereux, parce que du gouvernement ils en font une ligue offensive et de ceux qu'ils devaient tenir en qualité d'enfants, ils en forment un parti d'ennemis,

Ils veulent tout mener à leur mode et tout emporter comme chose due à leur adresse ; mais dès que l'on vient à découvrir leur humeur paradoxale, l'on se met en garde contre eux. Leurs chimères sont relancées, et par conséquent, bien loin d'arriver à leur but, ils ne remportent qu'un amas de chagrins. Chacun aidant à les modifier, ces pauvres gens ont le sens blessé et quelquefois aussi le cœur gâté. Le moyen de se défaire de tels monstres, est de s'enfuir aux antipodes dont la barbarie sera plus supportable que l'humeur féroce de ces gens-là.

CCXII. — NE PASSEZ POINT POUR UN HOMME D'ARTIFICE.

Véritablement, on ne saurait vivre aujourd'hui sans en user. Mais il faut plutôt choisir d'être prudent que d'être fin. La finesse est une bonne qualité lorsqu'elle ne dépasse pas les bornes de la prudence ; mais c'est un vice lorsqu'elle va jusqu'à la tromperie. L'on doit se servir de la finesse comme d'un remède contre la malice des autres ; mais non comme d'un poison. Un homme d'honneur doit plutôt choisir d'être trompé que de tromper. L'humeur ouverte est agréable à tout le monde ; mais bien des gens n'en veulent point chez eux. La sincérité ne doit jamais dégénérer en simplicité, ni la sagacité en finesse. Mieux vaut être réputé comme sage que craint comme trop pénétrant. Les gens sincères sont aimés, mais trompés. Le plus grand artifice est de bien cacher ce qui passe pour tromperie. La candeur florissait dans le siècle d'or ; la malice a son tour dans ce siècle de fer. Le renom de savoir ce que l'on a à faire est honorable et attire la confiance. Mais celui d'être artificieux est trompeur et engendre la défiance.

CCXIII. — IL FAUT SE COUVRIR DE LA PEAU DU RENARD, QUAND ON NE PEUT PAS SE SERVIR DE CELLE DU LION.

C'est un trait de sagesse de céder au temps. Celui qui vient à bout de son dessein ne perd jamais sa réputation. L'adresse doit suppléer à la force. Si l'on ne sait aller par le chemin royal de la force ouverte, il faut prendre la route détournée de l'artifice. La ruse est bien plus expéditive que la force. Les princes terminent plus d'affaires par la négociation que par les armes. Les sages ont plus souvent vaincu les braves, que les braves les sages. Quand une entreprise vient à manquer, la porte est ouverte au mépris.

CCXIV. — N'ÊTRE POINT TROP PROMPT A S'ENGAGER NI A ENGAGER AUTRUI.

Il y a des gens nés pour broncher et pour faire broncher les autres contre la bienséance. Ils sont toujours à point pour faire des sottises; ils ont une grande facilité à donner un rude choc, mais ils se brisent malheureusement. Ils n'en sont pas quittes pour cent querelles par jour; comme ils ont l'humeur à contre-poil, ils contredisent à tout et à tous. Ayant le jugement chaussé de travers, ils désapprouvent tout. Que de monstres dans le vaste pays de l'impertinence !

CCXV. — L'HOMME RETENU A TOUTE L'APPARENCE D'ÊTRE PRUDENT.

La langue est une bête sauvage qu'il est très difficile de remettre à la chaîne, quand une fois elle s'est échappée. C'est le pouls par où les sages connaissent la disposition de l'âme. C'est là que les personnes intelligentes tâtent les mouvements du cœur. Le sage s'épargne des chagrins et des engagements et montre par là combien il est maître de lui-même. Il agit avec circonspection. C'est un Janus en équivalent et un Argus en discernement. Il vaudrait mieux des yeux aux mains qu'une petite fenêtre au cœur.

CCXVI. — NE SOYEZ JAMAIS TROP SINGULIER NI PAR AFFECTATION NI PAR INADVERTANCE.

Quelques-uns se font remarquer par leur singularité, c'est-à-dire par des actions de folie, qui sont plutôt des défauts que des différences, et ils sont connus de même que des personnes très laides le sont. Il ne sert à rien de se singulariser sinon à se faire passer pour un original impertinent et qui provoque alternativement la moquerie des uns et la mauvaise humeur des autres. Il y a beaucoup de gens qui servent de but aux traits de la risée, et il s'en trouve qui semblent le chercher. Il y a tel qui payerait libéralement de pouvoir parler de la nuque pour ne pas parler par la bouche comme les autres. Ils transforment leur voix, affectent un petit accent, inventent des idiomes et bourdonnent mignonnement pour être rares en tout. Ils martyrisent leur goût en le privant de tout ce qu'il aime naturellement. Quelquefois ils se plaisent à boire de la lie et diront que c'est du nectar. Ils laissent le généreux roi des liqueurs pour des eaux ; chaque jour ils inventent des nouveautés : mais souvent ils restent tout seuls dans leur extravagance. Dans les actions héroïques, la singularité sied bien et il n'y a rien qui attire plus de vénération aux grands exploits. La grandeur consiste dans la sublimité de l'esprit et dans les hautes pensées. Il n'est point de noblesse comme celle d'un grand cœur, car il ne s'abaisse jamais à l'artifice. La vertu est le caractère de l'héroïsme, la différence y sied bien. Il y en a d'autres qui ne sont pas des hommes. Ils affectent de se distinguer par les modes et de se singulariser par un air extraordinaire. Ils abhorrent tout ce qui se pratique. Ils montrent comme une antipathie pour l'usage. Ils affectent d'aller à l'antique et de renouveler les vieilles modes. Il ne faut jamais prêter à rire aux gens d'esprit, non pas même aux enfants. Des gens croiraient mal employer la journée, s'ils ne la signalaient pas par quelque singularité ridicule. Mais de quoi s'entretiendrait la raillerie des uns sans l'extravagance des autres? C'est ainsi que la sottise est l'aliment de la médisance ; mais si la singularité dans l'écorce sert de risée, que sera-ce de celle dans l'esprit? Vous voyez des hommes inintelligibles dans leurs raisonnements, dépravés dans leurs goûts et hétéroclites en tout; car la plus grande singularité est sans doute dans l'entendement. D'autres repaissent leur caprice d'un très vain orgueil, fourré de sottise et de folie. Avec cela ils affectent en tout et partout une gravité pleine de morgue. Il semble qu'ils honorent quand ils regardent et qu'ils font grâce quand ils parlent.

*
* *

CCXVII. — NE PRENEZ JAMAIS LES CHOSES A CONTRE-POIL, BIEN QU'ELLES Y VIENNENT.

Tout a son endroit et son envers. La meilleure chose blesse, si on la prend à contre-sens; au contraire, la plus incommode accommode si elle est prise par le manche. Bien des choses ont fait de la peine qui eussent donné du plaisir, si l'on en eût connu le bon. Une même chose a différentes faces. De là vient que les uns prennent plaisir à tout et les autres à rien. Le meilleur expédient contre les revers de la fortune et pour vivre heureux en tout temps et en tout emploi est de regarder chaque chose par son bel endroit.

⁎

CCXVIII. — CONNAISSEZ VOTRE DÉFAUT DOMINANT.

Chacun en a un qui fait contre-poids à sa perfection dominante, et si l'inclination les seconde, il domine en tyran. Que l'on commence donc à lui faire la guerre en la lui déclarant, et que ce soit par un manifeste. Car s'il est connu, il sera vaincu, et particulièrement si celui qui l'a le juge aussi grand qu'il paraît aux autres. Pour être maître de soi, il est besoin de réfléchir sur soi. Si une fois cette racine des imperfections est arrachée, l'on viendra bien à bout de toutes les autres. Sache d'abord comment tu es fait toi-même, rien de plus facile que de se connaître. L'aphorisme de « se connaître soi-même » est bientôt dit ; mais il est longtemps à faire. Quelques-uns en savent aussi peu d'eux-mêmes qu'ils en savent beaucoup des autres. Le sot sait bien mieux ce qui se passe dans la maison d'autrui que dans la sienne. Quelques-uns raisonnent à fond de ce qui ne les importe point et jamais de ce dont ils devraient se soucier davantage. C'est un grand malheur que de s'ignorer soi-même et le pire de tous les mensonges est de se mentir à soi-même.

※※※

CCXIX. — AYEZ ATTENTION A ENGAGER.

La plupart des hommes ne parlent ni n'agissent point selon ce qu'ils sont, mais selon l'impression des autres. Il n'y a personne qui ne soit plus que suffisant pour persuader le mal, d'autant que le mal est cru très facilement, parfois même s'il est incroyable. Tout ce que nous avons de meilleur dépend de la fantaisie d'autrui. Quelques-uns se contentent d'avoir la raison de leur côté ; mais cela ne suffit pas et par conséquent il faut le secours de la poursuite. Quelquefois le soin de s'engager coûte très peu et vaut beaucoup. Avec des paroles on achète de bons effets. Dans cette grande hôtellerie du monde, il n'y a point de petit ustensile dont il n'arrive d'avoir besoin une fois l'an ; et si peu qu'il vaille, il sera très incommode de s'en passer : chacun parle de l'objet selon sa passion.

CCXX. — NE SOYEZ POINT HOMME DE PREMIÈRE IMPRESSION.

Quelques-uns se marient avec la première information, en sorte que toutes les autres ne leur sont plus que des concubines, et comme le mensonge va toujours le premier, la vérité ne trouve plus de place. Ni l'entendement ni la volonté ne se doivent jamais remplir, ni de la première proposition ni du premier objet : ce qui est une marque d'un pauvre fonds. Quelques gens ressemblent à un pot neuf, qui prend pour toujours l'odeur de la première liqueur, bonne ou mauvaise, qu'on y verse. Quand cette faiblesse vient à être connue, elle est pernicieuse parce qu'elle donne pied aux artifices de la malice. Ceux qui ont de mauvaises intentions se hâtent de donner leur cachet à la crédulité. Il faut donc laisser une place vide pour la revision. C'est une marque d'incapacité de s'en tenir à la première information et même un défaut qui approche fort de l'entêtement.

CCXXI. — N'AYEZ LE BRUIT NI LE RENOM D'AVOIR UNE MÉCHANTE LANGUE.

Car c'est passer pour un fléau universel. Ne sois point ingénieux aux dépens d'autrui ; ce qui est encore plus odieux que pénible. Chacun se venge du médisant en disant du mal de lui et, comme il est seul, il sera bien plutôt vaincu que les autres qui sont en grand nombre ne seront convaincus. Le médisant est haï pour toujours, et si quelquefois de grands personnages conversent avec lui, c'est plutôt pour le plaisir d'entendre ses médisances que pour aucune estime qu'ils fassent de lui. Les médisants sont des chiens enragés et ceux qui médisent d'eux sont les charmeurs.

CCXXII. — IL FAUT PARTAGER SA VIE EN HOMME D'ESPRIT.

Non pas selon que se présentent les occasions, mais par prévoyance et par choix, Une vie qui n'a point de relâche est pénible.

comme une longue route où l'on ne trouve
point d'hôtelleries. Une variété bien en-
tendue la rend heureuse. La première pause
doit se passer à parler avec les morts. Nous
naissons pour savoir et pour nous savoir
nous-mêmes, et c'est par les livres que
nous l'apprenons au vrai et que nous deve-
nons des hommes faits. La seconde station
se doit destiner aux vivants, c'est-à-dire
qu'il faut voir ce qu'il y a de meilleur dans
le monde et en tenir registre. La troisième
pause doit être toute pour nous. Le suprême
bonheur est de philosopher. Le sage mesure
sa vie comme celui qui a peu et beaucoup à
vivre. La nature a proportionné la vie de
l'homme sur la course du soleil, et les
quatre âges de la vie sur les quatre saisons
de l'année. Le printemps de l'homme commence en son enfance, les fleurs en sont
tendres et les espérances fragiles. Il est

suivi de l'été chaleureux et excessif de la jeunesse, été dangereux en toutes manières à cause du sang bouillant et des saillies fréquentes des passions. L'automne de l'âge viril vient ensuite couronné des fruits mûrs de l'entendement et de la volonté, et enfin l'hiver de la vieillesse où tombent les feuilles de la vigueur, où se glacent les ruisseaux des veines, où la neige couvre la tête et les dents s'en vont, où la vie tremble aux approches de la mort. L'homme doit donner le premier terme de sa vie aux livres. C'est une jouissance plutôt qu'une occupation. Le plus noble emploi est d'apprendre. Les livres sont la nourriture de l'âme et les délices de l'esprit. Grand bonheur de rencontrer les meilleurs sur chaque matière. Apprenez des langues pour pouvoir faire votre profit de tout le bon qu'elles éternisent. Après cela donnez-vous à l'histoire qui délecte et instruit davantage. Commencez par les anciennes et finissez par les modernes, bien que d'autres fassent le contraire ; choisissez les auteurs, distinguez les temps, les ères, les centuries et les siècles ; recherchez les causes du progrès, de la décadence et de la révolution des monarchies et des républiques ; le nombre, l'ordre et les qualités de leurs princes ; leurs faits en paix et en guerre. Promenez-vous dans les délicieux jardins de la poésie, non pas tant pour vous y exercer que pour en jouir. Il ne faut pourtant pas être si ignorant que de ne pouvoir pas faire un vers, ni si mal avisé que d'en faire deux. Entre tous les poètes, dédiez votre cœur au sententieux Horace et votre main au subtil Martial. C'est lui donner la palme à la poésie. Joignez-y les savoureuses humanités, puis passez à la philosophie, commencez par la naturelle, acquérez la connaissance de la composition de l'univers, de l'être merveilleux de l'homme, des propriétés des animaux et des plantes et enfin des qualités des pierres précieuses. Prenez plus de plaisir à la philosophie morale, qui est la nourriture des vrais hommes, comme celle qui donne la vie à la prudence ; étudiez-la dans les livres des sages et des philosophes qui nous l'ont compilée en sentences et apophtegmes, en emblèmes et en apologues. Sachez l'ethnographie et la géographie, mesurant les terres et les mers, distinguant les hauteurs et les climats, les quatre parties du monde et en elles les provinces et les nations, pour n'être pas de ces ignorants ni de ces demi-bêtes qui n'ont jamais su sur quoi ils marchent. Sachez de l'astrologie ce que la sagesse per-

met de savoir et couronnez enfin vos études
par une longue et sérieuse application à
lire l'écriture sainte qui est la plus utile,
la plus universelle et la plus agréable de
toutes les lectures pour les gens de bon
goût. De sorte que la philosophie morale
rend prudent, la naturelle habile, l'histoire
avisé, la poésie ingénieux, la rhétorique
éloquent, les humanités poli, la science intelligent et l'étude des saintes lettres un
peu croyant. Employez la seconde partie
de votre vie à voyager, qui est le second
bonheur d'un homme curieux et capable
de bien discerner. Cherchez et trouvez ce
qu'il y a de meilleur au monde ; car lorsque
l'on ne voit pas les choses, l'on n'en jouit
pas entièrement. Il y a bien à dire de ce
qui s'imagine à ce qui se voit. Celui-là
prend plus de plaisir aux objets qui ne les
voit qu'une fois, que celui qui les voit sou-

vent. La première fois, on se contente ; toutes les autres on s'ennuie. Le premier jour une belle chose fait le plaisir de celui qui en est le maître ; mais après cela, elle ne fait plus que celui des étrangers. Voyez les cours des plus grands princes et par conséquent les prodiges de la nature et de l'art, en peinture, sculpture, tapisseries, joyaux, et conversez avec les plus excellents hommes du monde, soit en science ou en toute autre chose, par où l'on a moyen de remarquer, de censurer, de confronter et de mettre le juste prix à tout. Passez la troisième partie d'une si belle vie à méditer le *beaucoup* que vous avez lu et l'*encore plus* que vous avez vu. Tout ce qui entre par la porte des sens dans ce havre de l'âme, va s'enregistrer dans l'entendement. C'est lui qui juge, qui pèse, qui raisonne et qui tire les quintessences des vérités. L'âge mûr est destiné pour la contemplation, car plus le corps perd de forces, plus l'âme en acquiert. La balance de la partie supérieure hausse d'autant que baisse celle de la partie inférieure; alors on juge bien autrement des choses. La maturité de l'âge assaisonne le raisonnement et tempère les passions. A voir on devient intelligent; à contempler, on devient sage. C'est la couronne de l'homme prudent de savoir philosopher, en tirant de toutes choses, à l'exemple de la laborieuse abeille, ou le miel d'un agréable profit, ou la cire qui doit servir de flambeau à se désabuser. La philosophie n'est autre chose qu'une méditation de la mort : il est besoin d'y penser plusieurs fois auparavant pour y bien réussir la dernière.

*_**

CCXXIII. — OUVREZ LES YEUX QUAND IL EST TEMPS.

Tous ceux qui voient n'ont pas les yeux ouverts, ni tous ceux qui regardent ne voient pas. De réfléchir trop tard, ce n'est pas un remède, mais un sujet de chagrin. Quelques-uns commencent à voir quand il n'y a plus rien à voir. Ils ont défait leurs maisons et dissipé leurs biens avant que de se faire eux-mêmes. Il est difficile de donner de l'entendement à qui n'a pas la volonté d'en avoir, et encore plus de donner la volonté à qui n'a point d'entendement. Ceux qui les environnent jouent avec eux comme avec des aveugles. Il y a des gens qui fomentent cette insensibilité, parce que leur bien-être consiste à faire que les autres ne soient rien.

⁎

CCXXIV. — NE LAISSEZ JAMAIS VOIR LES CHOSES QU'ELLES NE SOIENT ACHEVÉES.

Tous les commencements sont défectueux et l'imagination en reste toujours prévenue. Le souvenir d'avoir vu un ouvrage encore imparfait ne laisse pas la liberté de le trouver beau quand il est fait. Jouir tout à la fois d'un grand objet, c'est un obstacle à bien juger de chaque partie, mais aussi c'est un plaisir qui remplit toute idée. Ce n'est rien avant d'être *tout*. Voir apprêter les mets les plus exquis, cela provoque plus de dégoût que d'appétit. Que tout habile maître se garde donc bien de faire voir ses ouvrages en embryon ; qu'il apprenne de la nature à ne les point exposer qu'ils ne soient en état de pouvoir paraître.

CCXXV — SACHEZ UN PEU LE COMMERCE DE LA VIE.

Que tout ne soit pas théorie, qu'il y ait aussi de la pratique. Les plus sages sont faciles à tromper, car bien qu'ils sachent l'extraordinaire, ils ignorent le style ordinaire de vivre qui est le plus nécessaire. Les plus savants sont les plus ignorants dans les choses vulgaires. La contemplation des choses hautes ne les laisse pas penser à celles qui sont communes. Ils sont regardés avec étonnement ou tenus pour des ignorants par le vulgaire qui ne s'arrête qu'au superficiel. Que le sage ait donc soin d'apprendre du commerce de la vie ce qu'il lui en faut pour n'être ni la dupe ni la risée des autres. Qu'il soit homme de maniement, car bien que ce ne soit pas là le plus haut point de la vie, c'en est le plus utile. A quoi sert le savoir, s'il ne se met pas en pratique ? Savoir vivre est aujourd'hui le vrai savoir.

CCXXVI. — SAVOIR TROUVER LE GOUT D'AUTRUI.

Car autrement c'est faire un déplaisir au lieu d'un plaisir. Quelques-uns chagrinent par où ils pensent obliger, faute de bien connaître les esprits. Il y a des actions qui sont une flatterie pour les uns et une offense pour les autres ; et souvent ce que l'on croit avoir été un service a été le contraire d'un service. Quelquefois, il a plus coûté à faire un déplaisir qu'à faire un plaisir. Il faut étudier le don de plaire. Comment satisfaire le goût d'autrui si l'on ne sait pas ? De là vient que quelques-uns ont fait une censure en pensant faire un éloge.

D'autres croient divertir par leur éloquence et ils assomment l'esprit par leur flux de bouche.

CCXXVII. — N'ENGAGEZ JAMAIS VOTRE RÉPUTATION SANS AVOIR DES GAGES DE L'HONNEUR D'AUTRUI.

Lorsqu'on a part au profit, il ne faut dire mot; mais quand il s'agit de perdre, il ne faut rien dissimuler, c'est-à-dire, il faut faire valoir sa complaisance en fait d'intérêts d'honneur. Il faut toujours être de compagnie, en sorte que la réputation propre soit obligée de prendre soin de celle d'autrui. Il ne faut jamais se fier, et si on le fait quelquefois, que ce soit avec tant de précaution que celui à qui on se fie n'en puisse prendre avantage. Que le risque soit commun et la cause réciproque, afin que celui qui est complice, ne puisse pas s'ériger en témoin.

CCXXVIII. — IL FAUT SAVOIR DEMANDER.

Il n'y a rien de plus difficile pour quelques-uns, et de plus facile pour quelques autres. Il y en a qui ne sauraient refuser, d'autres dont le premier mot à toute heure est *non ;* il est bien besoin d'adresse avec eux. Mais à quelques gens qu'on ait à demander, il faut bien prendre son temps ; comme par exemple au sortir d'un bon repas, ou de quelque autre récréation, qui a mis en belle humeur, en cas que la prudence de celui qui est prié ne prévienne pas l'artifice de celui qui prie. Les jours de réjouissance sont les jours de faveur, parce que la joie du dedans rejaillit au dehors. Il ne faut pas se présenter lorsqu'on voit en refuser un autre, d'autant que la crainte de dire *non* est surmontée. Quand la tristesse est au logis, il n'y a rien à faire. Obliger par avance, c'est une lettre de change, lorsque le correspondant n'est pas un malhonnête homme.

CCXXIX. — SACHEZ FAIRE UNE GRACE DE CE QUI N'EUT ÉTÉ APRÈS QU'UNE RÉCOMPENSE.

C'est une adresse des plus grands politiques. Les faveurs qui précèdent les mérites sont la pierre de touche des hommes bien nés. Une grâce anticipée a deux perfections : la promptitude et l'anticipation. Cette dernière fait qu'un même don, qui plus tard serait une dette, devient une pure grâce ; moyen subtil de transformer les obligations, puisque celui qui eût mérité d'être récompensé est obligé d'user de reconnaissance. Il suppose que ce sont des gens d'honneur; car pour les autres, ce serait leur mettre une bride plutôt que leur donner l'éperon, que de leur avancer la paie de l'honneur.

CCXXX. — NE SOYEZ JAMAIS EN PART DES SECRETS DE VOS SUPÉRIEURS.

Tu croiras partager des poires et tu partageras des pierres. Plusieurs ont péri d'avoir été confidents. Un secret est un danger. Il en est des confidents comme de la croûte de pain dont on se sert en guise de cuillère, laquelle risque d'être avalée avec la soupe. La confidence n'est point une faveur du prince, mais un impôt sur la vie à celui à qui il la fait. Plusieurs cassent leur miroir parce qu'il leur montre leur laideur. Jamais un témoin du mal n'est vu d'un bon œil, parce que les témoins ou les complices d'une méchante action sont regardés comme des gens qui en font des reproches, autant de fois qu'ils se montrent. Il ne faut jamais être trop obligé à personne, encore moins aux grands. Services rendus sont plus sûrs auprès d'eux que grâces reçues. D'autres sont néanmoins du sentiment contraire en disant qu'il est plus sûr de recevoir quelque grande récompense pour un petit service, parce que le prince aime naturellement plus ceux qui lui sont obligés que ceux à qui il l'est; parce que la reconnaissance est à charge, et il passe même à la haine s'il ne peut bien les payer. Les confidences d'amitié sont dangereuses. Celui qui a confié son secret à un autre s'est fait son esclave. Les princes aspirent avec impatience à racheter la liberté perdue, et pour y réussir ils bouleversent tout et même la raison. Maxime pour les secrets : *ni les ouïr, ni les dire*. Les princes vont jusqu'à haïr ceux qui savent les leurs. La confidence que le prince fait à son sujet est un lacet, qu'il lui tient à la gorge pour le lui serrer, quand il commencera de craindre que les secrets qui ont passé des oreilles au cœur, ne passent du cœur à la langue. Souvent, il se repent d'avoir confié son secret. C'est par la même raison qu'ont péri tant de galants de la main de celles qui n'avaient plus rien à leur donner : les dames à qui il reste un peu de cœur ne pouvant souffrir qu'il y ait des témoins de ce qu'elles voudraient pouvoir ignorer elles-mêmes.

CCXXXI. — CONNAISSEZ LA PIÈCE QUI VOUS MANQUE.

Plusieurs seraient de grands personnages s'il ne leur manquait pas un *quelque chose* sans lequel ils n'arrivent jamais au comble de la perfection. Il se remarque en quelques-uns qui pourraient valoir beaucoup, s'ils voulaient suppléer à bien peu. Souvent peu de chose donne la perfection, quoique la perfection ne soit pas peu de chose. Aux uns manque le sérieux, faute de quoi de grandes qualités n'ont point d'éclat en eux. Aux autres manque la douceur des manières. En quelques-uns on voudrait plus d'activité, et il serait aisé de suppléer à tous ces défauts, si l'on y prenait garde; car la réflexion peut faire de la coutume une seconde nature.

CCXXXII. — NE SOYEZ PAS TROP FIN.

Il vaut mieux être réservé. Savoir plus qu'il ne faut, c'est émousser la pointe de son esprit, d'autant que d'ordinaire les subtilités sont faciles à découvrir. La vérité bien autorisée est plus sûre. Il est bon d'avoir de l'entendement, mais non d'avoir du flux de bouche. Le trop de raisonnement approche de la contestation. Un jugement solide qui ne raisonne qu'autant qu'il faut est bien meilleur.

CCXXXIII. — IL FAUT SAVOIR FAIRE L'IGNORANT.

Quelquefois le plus habile homme joue ce personnage ; et il y a des occasions où le meilleur savoir consiste à feindre de ne pas savoir. Il ne faut pas ignorer, mais bien en faire semblant. Il importe peu d'être habile avec les sots et prudent avec les fous. Il faut parler à chacun selon son caractère. L'ignorant n'est pas celui qui le fait, mais celui qui s'y laisse attraper. Le meilleur moyen de se faire aimer est de revêtir la peau du plus simple des animaux.

CCXXXIV. — SOUFFREZ LA RAILLERIE, MAIS NE RAILLEZ POINT.

L'un est une espèce de galanterie, l'autre une sorte d'engagement. La raillerie excessive est divertissante. Qui la sait souffrir se fait passer pour homme de grand fonds au lieu que celui qui s'en blesse provoque les autres à le blesser encore. Le meilleur est de la laisser passer sans la relever. Les plus grandes vérités sont venues des railleries ; rien ne demande plus de circonspection et d'adresse ; avant de commencer, il faut savoir jusqu'où peut aller la force d'esprit de celui avec lequel on veut plaisanter.

CCXXXV. — IL FAUT POURSUIVRE SA POINTE.

Quelques-uns ne sont bons que pour commencer et n'achèvent jamais rien. Ils inventent, mais ils ne continuent pas, tant ils ont l'esprit inconstant. Ils n'acquièrent jamais de réputation parce qu'ils ne vont jamais jusqu'au bout. Avec eux tout aboutit à demeurer court. Chez d'autres, cela vient de leur impatience. La patience est la vertu des flamands ; ceux-ci voient la fin des affaires et les affaires voient la fin des autres. Ils suent jusqu'à ce qu'ils croient avoir vaincu la difficulté, et puis ils se contentent de l'avoir vaincue ; ils ne savent pas profiter de la victoire ; ils montrent qu'ils la peuvent, mais qu'ils ne la veulent pas. Si le dessein est bon, pourquoi ne le pas achever, et s'il est mauvais, pourquoi le commencer ? Que l'homme d'esprit tue donc son gibier et que sa peine ne s'arrête pas à le faire lever.

CCXXXVI. — NE SOYEZ PAS COLOMBE EN TOUT.

Que la finesse du serpent ait l'alternative de la candeur de la colombe. Il n'y a rien de plus facile que de tromper un homme de bien. Celui qui ne ment jamais croit aisément et celui qui ne trompe jamais se confie beaucoup. Etre trompé, ce n'est pas toujours une marque de bêtise, car c'est quelquefois la bonté qui en est cause. Deux sortes de gens savent bien prévenir le mal : les uns parce qu'ils ont appris ce que c'est à leurs dépens, et les autres parce qu'ils l'ont appris aux dépens d'autrui. L'adresse doit donc être aussi soigneuse de se précautionner que la finesse l'est de tromper. Prenez garde à n'être pas si homme de bien que d'autres en prennent occasion d'être malhonnêtes gens. Soyez mêlé de colombe et de serpent, c'est le conseil de l'Evangile : *Estote prudentes sicut serpentes, et simplices sicut columbæ* (Matthieu, X). Ne soyez pas le monstre, mais le prodige.

***

CCXXXVII. — IL FAUT SAVOIR OBLIGER.

Quelques-uns métamorphosent si bien les grâces qu'il semble qu'ils les font, lors même qu'ils les reçoivent. Il y a des hommes si adroits, qu'ils honorent en demandant parce qu'ils transforment leur intérêt en l'honneur d'autrui. Ils ajustent les choses de telle sorte que vous diriez que les autres s'acquittent de leur devoir, quand ils leur donnent, tant ils savent bien tourner sens dessus dessous l'ordre des obligations par une politique singulière ; du moins ils font douter lequel c'est qui oblige. C'est ainsi qu'ils changent l'obligation de passive en active ; véritablement c'est là une grande adresse. Mais c'en serait encore une plus grande de la pénétrer, et de défaire un si fou marché en leur rendant leurs civilités et en reprenant chacun le sien. Denys, le tyran, disait à un musicien qui se plaignait de ne point avoir eu de récompense : *Ne sommes-nous pas quittes ? tu m'as donné du plaisir en chantant et je t'en ai donné en te repaissant d'espérances.* Ces prodigues de louanges prennent les grands pour des moulins qui ne donnent de la farine qu'autant qu'on leur donne du vent.

CCXXXVIII. — RAISONNEZ QUELQUEFOIS A REBOURS DU VULGAIRE.

Cela montre un génie élevé. Un grand génie ne doit jamais estimer ceux qui ne le contredisent jamais, car ce n'est pas une marque de leur affection pour lui, mais de leur amour-propre. Qu'il se garde bien d'être la dupe de la flatterie en la payant, si ce n'est du mépris qu'elle mérite. Comme les dents se gâtent à force de manger des confitures, de même les oreilles des grands s'empoisonnent à force d'entendre des douceurs et des flatteries. Que l'homme d'esprit tienne même à honneur d'être censuré particulièrement de ceux qui médisent de tous les gens de bien. Ses actions ne doivent pas être du goût de toutes sortes de gens, ce qui est parfait, étant remarqué de très peu de personnes.

*_**

CCXXXIX. — NE DONNEZ JAMAIS SATISFACTION A CEUX QUI N'EN DEMANDENT POINT.

De la donner trop grande à ceux mêmes qui la demandent, c'est une action coupable. S'excuser avant le temps, c'est s'accuser, se saigner lorsqu'on est en santé, c'est faire signe au mal et à la malice de venir. Une excuse anticipée réveille un mécontentement qui dormait. L'homme prudent ne doit pas faire semblant de s'apercevoir du soupçon d'autrui, parce que c'est aller chercher son ressentiment. Il faut seulement tâcher de guérir ce soupçon par un procédé honnête et sincère.

*_**

CCXL. — SACHEZ UN PEU PLUS, ET VIVEZ UN PEU MOINS.

D'autres disent, au contraire, qu'un loisir honnête vaut mieux que beaucoup d'affaires. Cela pourrait s'entendre en ce qu'on a le moyen de faire ce que l'on veut, et relativement à ceux qui donnent tout leur loisir à cultiver leur esprit. Nous n'avons rien à nous que le temps, c'est un malheur égal de l'employer en des exercices mécaniques ou dans l'embarras des grandes affaires. Il ne faut se charger ni d'occupations ni d'envie ; c'est vivre en foule et s'étouffer. Quelques-uns étendent même ce principe jusqu'à la science. C'est ne pas vivre que de ne pas savoir.

CCXLI. — NE VOUS LAISSEZ POINT ALLER AU DERNIER.

S'il y a des hommes de dernière impression, c'est qu'il y en a de première ; ils ont un esprit et une volonté de cire. Le dernier y met le sceau et efface tous les autres ; ces gens-là ne sont jamais gagnés parce qu'on les perd avec la même facilité ; chacun leur donne son cachet ; ils ne valent rien comme confidents ; ils sont enfants toute leur vie et comme tels ils ne font que flotter parmi le flux et le reflux de leurs passions, toujours boiteux de volonté et de sentiment, je dis jugement, parce qu'ils se jettent tantôt d'un côté, tantôt de l'autre.

**

CCXLII. — NE COMMENCEZ POINT A VIVRE PAR OU IL FAUT FINIR.

Quelques-uns prennent le repos au commencement et laissent le travail pour la fin. L'essentiel doit aller le premier et l'accessoire après, s'il y a lieu pour cela. *Il faut attendre pour se reposer qu'on soit au bout de sa carrière.* Un prince ne doit jamais mourir que debout, d'autres veulent triompher avant que de combattre. Quelques autres commencent de savoir par ce qui leur importe le moins ; à peine celui-ci a-t-il commencé à faire sa fortune qu'il s'en va. La méthode est également nécessaire et pour savoir et pour vivre.

CCXLIII. — QUAND EST-CE QU'IL FAUT RAISONNER A REBOURS ?

Lorsqu'on parle à dessein de nous surprendre. Avec certaines gens, tout doit aller à contre-sens. Le *oui* est le *non*, et le *non* est le *oui*. Mésestimer une chose montre qu'on l'estime, attendu que celui qui la veut pour soi, la fait moins valoir auprès des autres. Louer n'est pas toujours dire du bien, car quelques-uns, pour ne pas louer les bons, affectent de louer les méchants eux-mêmes ; quiconque ne trouve personne méchant, ne trouvera personne bon.

CCXLIV. — SERVEZ-VOUS DES MOYENS HUMAINS COMME S'IL N'Y EN AVAIT POINT DE DIVINS ET DES DIVINS COMME S'IL N'Y EN AVAIT POINT D'HUMAINS.

C'est le précepte d'un grand maître, il n'y faut point de commentaire. Recourez aux médecins. Ne négligez rien de ce qu'ils ordonnent et puis mettez votre confiance en Dieu. Cette leçon s'étend à tous les besoins de la vie.

CCXLV. — NI TOUT A SOI, NI TOUT A AUTRUI.

L'un et l'autre est une tyrannie toute commune de vouloir être tout à soi, il s'ensuit que l'on veut tout pour soi. Ces gens-là ne savent rien relâcher de ce qui les accommode, non pas même un iota. Ils obligent peu, ils se fient à leur fortune, mais d'ordinaire cet appui les trompe. Quelquefois il est bon de nous quitter pour les autres afin que les autres se quittent pour nous. Quiconque tient un emploi commun, est par devoir l'esclave commun, autrement on lui dira ce que dit un jour cette vérité de l'empereur Adrien : *Renonce donc à ta charge comme tu fais à ton devoir.*

Faites votre charge ou faites-la faire.

Au contraire d'autres sont tout aux autres, car la folie donne toujours dans l'excès et est très malheureuse en ce point. Ils n'ont ni jour, ni heure à eux, ils sont autres qu'eux, jusque dans l'entendement, car ils savent pour tous et ignorent pour eux. Que l'homme d'esprit sache que ce n'est pas lui qu'on cherche, mais un intérêt qui est en lui, ou qui dépend de lui.

CCXLVI. — NE VOUS RENDEZ PAS TROP INTELLIGIBLE.

La plupart n'estiment pas ce qu'ils comprennent et admirent ce qu'ils n'entendent pas. Il faut que les choses coûtent pour être estimées. On passera pour habile quand on ne sera pas entendu. Il faut toujours se montrer plus prudent et plus intelligent qu'il n'en est besoin, avec celui à qui l'on parle, mais avec proportion plutôt qu'avec excès, et bien que le bon sens soit de grand poids parmi les habiles gens. Le sublime est nécessaire pour plaire à la plupart du monde ; il faut leur ôter le moyen de censurer en occupant tout leur esprit à concevoir. Plusieurs louent ce dont ils ne sauraient rendre raison, quand on la leur demande, parce qu'ils respectent comme un mystère tout ce qui est difficile à comprendre et exalté.

CCXLVII. — NE NÉGLIGEZ PAS LE MAL PARCE QU'IL EST PETIT.

Car le mal ne vient jamais tout seul. Les maux ainsi que les biens se tiennent comme des chaînons. Le bonheur et le malheur vont d'ordinaire à ceux qui ont le plus de l'un ou de l'autre ; et de là vient que chacun fuit les malheureux et cherche les heureux. Les colombes même avec toute leur candeur s'arrêtent au plus proche donjon. Tout vient à manquer à un malheureux. Il se manque à lui-même en perdant la tramontane. L'adversité ôte le jugement. Il ne faut pas réveiller le malheur quand il dort. C'est peu de chose qu'un pas glissant et pourtant il est suivi d'une chute fatale, sans qu'on puisse savoir où le mal aboutira, car comme nul bien n'est parfait, nul mal n'est au comble. Les choses de la nature qui nous viennent ici-bas sont tellement mêlées, que même les maux que nous ressentons, pour grands qu'ils soient, ne sont jamais extrêmes, mais portent en eux le sujet de quelque considération, qui, étant recueilli par les sages et séparé de la douleur, sert heureusement à la gloire des uns et à la consolation des autres. Celui qui vient du ciel demande de la patience, et celui qui vient du monde de la prudence.

CCXLVIII. — FAITES PEU DE BIEN A LA FOIS, MAIS SOUVENT.

L'engagement ne doit jamais surpasser le pouvoir : quiconque donne beaucoup, ne donne pas, mais il vend. Il ne faut pas trop charger la reconnaissance, car celui qui se verra dans l'impossibilité de satisfaire rompra les relations. Pour perdre beaucoup d'amis, il n'y a qu'à les obliger à l'excès ; faute de pouvoir payer, ils se retirent et, d'obligés, ils deviennent ennemis. Nous ne sommes jamais plus ingrats que quand le plaisir qu'on nous fait passe les moyens que nous avons de nous en acquitter. Car d'autant que nous avons honte de ne point rendre, ne pouvant être quitte d'autre façon, nous le voudrions bien être par la mort de ceux à qui nous sommes obligés. La statue ne voudrait jamais voir son sculpteur, ni l'obligé son bienfaiteur. La meilleure méthode de donner est de faire qu'il en coûte peu, et que ce peu soit ardemment désiré afin qu'il en soit plus estimé.

CCXLIX. — TENEZ-VOUS TOUJOURS PRÊT A PARER LES COUPS DES RUSTIQUES, DES OPINIATRES, DES PRÉSOMPTUEUX ET DE TOUS LES AUTRES IMPERTINENTS.

Il s'en rencontre beaucoup et la prudence consiste à n'en venir jamais aux prises avec eux. Que le sage se mire tous les jours au miroir de la réflexion pour voir le besoin qu'il a de s'armer de résolution, et par ce moyen, il parera tous les coups de la folie. Ne vous commettez point avec les fous. L'homme muni de prudence ne sera jamais vaincu par l'impertinence. La navigation de la vie est dangereuse, parce qu'elle est pleine d'écueils où la réputation se brise. Le plus sûr moyen de se protéger est de se protéger en prenant d'Ulysse des leçons de finesse. C'est ici qu'une défaite habile est de grand service; mais surtout sauve-toi par la galanterie, car c'est le plus court chemin pour sortir d'affaire.

CCL. — N'EN VENEZ JAMAIS A LA RUPTURE.

Car la réputation en sort toujours ébréchée. Tout homme est suffisant pour être ennemi, très peu sont en état de faire du bien; mais presque tous peuvent faire du mal. L'aigle n'est pas en sûreté dans les bras de Jupiter même, le jour qu'il offense l'escargot. Les ennemis convertis qui étaient aux aguets soufflent le feu dès qu'ils voient la guerre déclarée. Des amis qui se brouillent deviennent les pires ennemis, ils chargent des défauts d'autrui celui de leur propre choix. Parmi les spectateurs de la rupture, chacun en parle comme il en pense et en pense ce qu'il désire. Ils condamnent les deux parties, ou d'avoir manqué de prévoyance au commencement, ou de patience à la fin ; mais toujours de prudence. Conservez vos amis tels qu'ils sont pour n'être point accusé d'avoir fait un mauvais choix, si ce n'étaient pas des gens de bien, ou de faire une injustice s'ils passaient pour tels. Si la rupture est inévitable, il faut au moins qu'elle soit excusable. Un refroidissement vaudra mieux qu'une déclaration violente. C'est ici qu'une belle retraite fait honneur.

✶

CCLI. — CHERCHEZ QUELQU'UN QUI AIDE A PORTER LE FARDEAU DE L'ADVERSITÉ.

Ne sois jamais seul, surtout dans les dangers, autrement tu te chargerais de toute la chaîne. Quelques-uns pensent s'élever en prenant toute la surintendance, et ils se chargent de toute l'œuvre ; au lieu qu'avec un compagnon, on se garantit du mal, ou du moins l'on n'en porte qu'une partie. Ni la fortune, ni le caprice du peuple ne se jouent pas si facilement à deux. Le médecin habile qui n'a pas réussi à la guérison de son malade ne manque jamais d'en appeler un autre qui, sous le nom de consultation, l'aide à soulever le cercueil. Partage donc la charge et le chagrin, car il est insupportable d'être tout seul à souffrir.

CCLII. — PRENEZ LES OFFENSES ET FAITES-EN DES FAVEURS.

Il y a plus d'habileté à les éviter qu'à les venger. C'est une grande habileté de faire son confident de celui que l'on eût eu pour adversaire; de transformer en défenseurs de sa réputation ceux qui menaçaient de la détruire. Il sert beaucoup de savoir obliger; on coupe le passage de l'injure en la prévenant par une courtoisie; et c'est savoir vivre que de changer en plaisirs ce qui ne devait causer que des déplaisirs. Place donc ta confiance, je dis confidence en la malveillance même.

CCLIII. — TU NE SERAS NI TOUT ENTIER A PERSONNE NI PERSONNE A TOI.

Ni le sang, ni l'amitié, ni la plus étroite obligation ne suffisent pas pour cela, car il y va bien d'un autre intérêt d'abandonner son cœur ou sa volonté. La plus grande union admet exception et même sans blesser les lois de la plus tendre amitié. L'ami se réserve toujours quelque secret, et le fils même cache quelque chose à son père. Il y a des choses dont on fait mystère aux uns, et que l'on veut bien communiquer aux autres, et réciproquement; de sorte que l'homme se donne ou se refuse tout entier selon qu'il distingue les gens.

CCLIV. — NE CONTINUEZ POINT UNE SOTTISE.

Quelques-uns se font un engagement de leurs bévues; lorsqu'ils ont commencé de faillir, ils croient qu'il est de leur honneur de continuer. Leur cœur accuse leur faute, et leur bouche la défend. D'où il arrive que s'ils ont été taxés d'inadvertance lorsqu'ils ont commencé la sottise, ils se font passer pour fous lorsqu'ils la continuent. Ni une promesse imprudente, ni une résolution mal prise, n'imposent d'obligation ; c'est ainsi que quelques-uns continuent leur première bêtise et font remarquer davantage leur petit esprit, en se piquant de paraître de constants impertinents.

CCLV. — IL FAUT SAVOIR OUBLIER.

C'est un bonheur plutôt qu'un art. Les choses qu'il vaut mieux oublier sont les choses dont on se souvient le mieux. Dans tout ce qui doit faire de la peine la mémoire est prodigue. Il n'est pas au pouvoir de l'homme de la perdre. Quelquefois le remède du mal consiste à l'oublier et l'on oublie le remède. Il faut donc accoutumer la mémoire à prendre un autre train, puisqu'il dépend d'elle de donner un paradis ou un enfer. J'excepte ceux qui vivent contents, car en l'état de leur innocence, ils jouissent de la félicité des idiots.

CCLVI. — BEAUCOUP DE CHOSES QUI SERVENT AU PLAISIR NE SE DOIVENT PAS POSSÉDER EN PROPRE.

L'on jouit davantage de ce qui est à autrui que de ce qui est à soi. Le premier jour est pour le maître et tous les autres pour les étrangers. La privation fait trouver tout meilleur. L'eau de la fontaine d'autrui est aussi délicieuse que le nectar, outre que la possession diminue le plaisir de la jouissance; elle ne sert qu'à conserver les choses pour autrui, et d'ailleurs le nombre des mécontents est toujours plus grand que celui des gens reconnaissants.

CCLVII. — N'AYEZ POINT DE JOUR DE DÉBANDADE.

Le sort se plaît à la surprise, il laissera passer mille occasions pour prendre un jour son homme au dépourvu. L'esprit, la prudence et le courage doivent être à l'épreuve et pareillement la beauté, d'autant que le jour de sa confiance sera celui de la perte de son crédit. La précaution a toujours manqué au plus grand besoin et *n'y pas penser* est un croc-en-jambe qui fait tomber. En morale, le moyen de périr bientôt est de ne rien craindre et la sécurité est la plus fréquente occasion d'un grand désastre. D'ailleurs c'est une ruse ordinaire de la malice d'autrui de jouer de surprise contre les perfections pour en faire un examen plus rigoureux. Les jours d'ostentation se savent bien, et la finesse fait semblant de n'y pas songer ; mais elle choisit le jour auquel on s'attend le moins pour sonder tout ce que l'on sait faire.

CCLVIII. — IL FAUT SAVOIR ENGAGER SES DÉPENDANTS.

Un engagement fait à propos a mis beaucoup de gens en crédit, ainsi qu'un naufrage fait des bons nageurs. C'est par là que plusieurs ont développé leur industrie et leur habileté, qui fût resté ensevelie dans leur retraite si l'occasion ne se fût pas présentée. La fortune lorsqu'elle veut grandir un prince lui suscite de puissants ennemis pour exercer son courage et son industrie et par ce moyen le fait monter à un plus haut degré de réputation et de puissance. Les difficultés et les dangers sont les causes et les aiguillons de la réputation. Un grand courage qui se trouve en des occasions d'honneur, fait autant de besogne que mille autres. Cela est cause aussi que beaucoup d'autres deviennent grands hommes.

CCLIX.—NE SOYEZ PAS MÉCHANT D'ÊTRE TROP BON.

Celui-là l'est qui ne se fâche jamais. Les insensibles tiennent peu du véritable homme. Ce caractère ne vient pas toujours d'insolence, mais souvent d'incapacité. Se ressentir quand il faut, c'est une action de maître homme. Je serais insensible aux louanges, disait un philosophe, si je l'étais aux injures. Mêler l'amer et le doux, c'est la marque d'un bon goût. La douceur toute seule ne sied qu'aux enfants et aux idiots.

Être doux avec tout le monde, c'est l'être avec les méchants. C'est un grand mal de donner dans cette insensibilité, à force d'être bon. Il y a des gens à qui rien ne fait brèche, que rien ne touche, pas même le plus grand revers de fortune, ni l'imperfection de leur propre nature, ni les coups fourrés de la malignité d'autrui. Tout le monde a beau se conjurer contre eux, ils n'en branleront pas ; ils n'en perdront ni l'appétit ni le sommeil et ils appellent cela indolence et aussi grand courage.

CCLX. — AYEZ DES PAROLES DE SOIE.

Les flèches percent le corps, et les mauvaises paroles l'âme. Une bonne pâte fait bonne bouche. C'est une grande adresse dans la vie que de savoir vendre l'air. Presque tout se paye avec des paroles et elles suffisent pour dégager de l'impossible. L'on négocie en l'air et avec de l'air, et un soufflet vigoureux est de longue durée. Il faut avoir la bouche toujours pleine de sucre, pour confire les paroles, car alors les ennemis mêmes y prennent goût. L'unique moyen d'être aimable, c'est d'être affable.

*_**

CCLXI. — LE SAGE DOIT FAIRE AU COMMENCEMENT CE QUE LE FOU FAIT A LA FIN.

L'un et l'autre font la même chose, mais l'un l'a fait à temps et l'autre à contre-temps. Celui qui au commencement s'est chaussé l'entendement à rebours continue de même dans tout le reste. Il tire avec les pieds ce qu'il devait porter sur la tête et de sa main droite il en fait la gauche ; de sorte qu'il est gaucher dans toute sa conduite. Au bout du compte il arrive toujours qu'il fait par force ce qu'il eût pu faire de bon gré ; au lieu que le sage voit d'abord ce qui se doit faire de bonne heure ou à loisir et l'exécute avec plaisir et avec réputation.

CCLXII. — IL FAUT SE PRÉVALOIR DE SA NOUVEAUTÉ.

Tant qu'elle durera, l'on sera estimé. Elle plaît universellement à cause de sa variété qui rafraîchit le goût. On estime plus une chose commune qui est toute nouvelle qu'une rareté que l'on voit souvent. Cette gloire de la nouveauté durera peu, au bout de quatre jours on lui perdra le respect. Prévaux-toi donc des prémices de l'estime en tirant à la hâte tout ce que tu peux prétendre d'une complaisance passagère; car si une fois la chaleur d'être tout récent vient à se passer, la passion se refroidira. Chaque chose a eu son temps et puis a été négligée. Il en est des hôtes comme des œufs, qui ne sont pas agréables à prendre s'ils ne sont pas frais.

CCLXIII. — NE CONDAMNEZ POINT TOUT SEUL CE QUI PLAIT A PLUSIEURS.

Car il faut qu'il y ait quelque chose de bon, puisque tant de gens en sont contents. La singularité est toujours odieuse, et lorsqu'elle est mal fondée, elle est ridicule. Elle décriera plutôt la personne que l'objet, en sorte que l'on restera seul avec son mauvais goût. Que celui qui ne sait pas discerner le bon cache son peu d'esprit et ne se mêle pas de condamner à la volée;

car le mauvais goût vient ordinairement de l'ignorance. Ce que tout le monde dit, est ou peut être.

CCLXIV. — QUE CELUI QUI SAIT PEU DANS SA PROFESSION S'EN TIENNE TOUJOURS AU PLUS CERTAIN.

Car s'il ne passe pas pour subtil, il passera du moins pour solide. Tiens toujours la main droite, ce qui est autorisé ne saurait manquer. A peu de savoir, chemin royal ; et encore la sûreté vaut mieux que la singularité, tant pour le savant que pour l'ignorant.

CCLXV. — VENDEZ LES CHOSES A PRIX DE COURTOISIE.

C'est le moyen d'obliger davantage. La courtoisie ne donne pas, mais elle engage et la galanterie est ce qui rend l'obligation plus grande. Le jour que Charles-Emmanuel Ier, duc de Savoie, fit son entrée à Saragosse, Philippe II, son beau-père futur, qui par un excès de civilité marchait à sa gauche, lui disait: *Mon fils, vous avez là un cheval bien fringant. — C'est, sire,* répondit-il, *qu'il voit bien que ce n'est pas là sa place.* Voilà comme la galanterie se paye par un galant homme.

Rien ne coûte plus cher à un homme de bien que ce qu'on lui donne galamment; mais il est vrai que la galanterie n'est pas une marchandise à l'usage des coquins, parce qu'ils n'entendent rien au savoir-vivre.

CCLXVI.— CONNAISSEZ A FOND LE CARACTÈRE DE CEUX AVEC QUI VOUS TRAITEZ.

L'effet est bientôt connu quand on connaît la cause; on le connaît premièrement en elle et puis en son motif. Le mélancolique augure toujours des malheurs, et le médisant, des fautes. Tout le pire s'offre toujours à leur imagination, et comme ils ne voient point le bien présent, ils annoncent le mal qui pourrait arriver. L'homme prévenu de passion parle toujours un langage différent de ce que sont les choses. La passion parle en lui et non la raison. Chacun juge selon son caprice ou son humeur et pas un selon la vérité. Apprends donc à déchiffrer un faux semblant et à épeler les caractères du cœur. Etudie-toi à connaître celui qui rit toujours sans raison et celui qui ne rit jamais à faux. Défie-toi d'un grand questionneur comme d'un imprudent ou d'un espion. N'attends presque rien de bon de ceux qui ont quelque défaut naturel au corps. Les boiteux, les bossus, les gens de regards équivoques ou de nez écrasé font souvent les choses à rebours, et par conséquent il s'en faut défier. Ils ont coutume de se venger de la nature en lui faisant aussi peu d'honneur qu'elle leur en a fait. D'ordinaire la sottise est à proportion de la beauté, témoin cette belle dame qui portait toujours des lunettes, quoiqu'elle fût jeune et qu'elle n'eût point la vue courte, pour être mieux vue, au lieu que les autres ne s'en servent que pour mieux voir.

CCLXVII. — AYEZ LE DON DE PLAIRE.

C'est une magie politique de courtoisie, c'est un moyen galant duquel on doit se servir plutôt à attirer les cœurs qu'à tirer du profit, ou plutôt à toutes choses. Le mérite ne suffit pas s'il n'est secondé de l'agrément, de qui dépend toute la plausibilité des actions. Il y va du bonheur de mettre les autres en appétit; mais l'artifice y contribue. Partout où il y a un grand naturel, l'artificiel y réussit encore mieux. C'est de là que tire son origine un je ne sais quoi qui sert à gagner la faveur universelle.

CCLXVIII. — CONFORMEZ-VOUS A L'USAGE, MAIS NON A LA FOLIE COMMUNE.

Ne tiens pas toujours ta gravité. C'est une partie de la galanterie de relâcher quelque chose de la bienséance pour gagner la bienveillance commune. Quelquefois on peut passer par où passent les autres et pourtant sans indécence. L'on perd plus en un jour de licence que l'on ne gagne par un long sérieux. L'extrême sérieux est à charge. Caton ne plaisait guère ; mais il était respecté. Peu de gens imitent ce caractère, mais beaucoup le révèrent. Bien que la gravité lasse les autres, l'on n'est jamais méprisé. Ne soyez pas toujours d'exception. Être singulier, c'est condamner les autres. C'est encore pis d'affecter des airs précieux. Cela se doit laisser aux femmes. Quelquefois même les dévôts se rendent ridicules; le meilleur d'un homme est de le paraître. La femme peut avoir bonne grâce d'affecter un air viril, mais l'homme ne saurait honnêtement se donner un air de femme.

CCLXIX. — IL FAUT SAVOIR RENOUVELER SON GÉNIE PAR LA NATURE ET PAR L'ART.

On dit que l'homme change de caractère de sept ans en sept ans. Dans les premiers sept ans la raison lui vient; il doit observer cette évolution naturelle pour la seconder. C'est par là que plusieurs ont changé de conduite et quelquefois on ne s'en aperçoit pas, jusqu'à ce que l'on voie l'importance du changement. A vingt ans, on sera un paon, à trente ans un lion, à quarante ans un chameau, à cinquante un serpent, à soixante un chien, à soixante-dix un singe, à quatre-vingts rien.

CCLXX. — L'HOMME D'OSTENTATION.

Ce talent donne du lustre à tous les autres. Chaque chose a son temps, et il faut épier ce temps. Il y a des gens d'un caractère particulier en qui le peu paraît beaucoup et que le beaucoup fait admirer. Lorsque l'excellence est jointe avec l'étalage, elle passe pour un prodige. Il y a des nations qui sont à ostentation et l'espagnole l'est au suprême degré. L'apparence tient lieu de beaucoup et donne un second être à tout et particulièrement quand la réalité la cautionne. A l'ostentation, il faut de l'art. Les choses les plus excellentes dépendent des circonstances et par conséquent elles ne sont pas toujours de saison. Toutes les fois que l'ostentation s'est faite à contre-temps, elle a mal réussi ; rien ne souffre moins l'affectation et c'est toujours par cet endroit que l'ostentation échoue, parce qu'elle approche fort de la vanité et que celle-ci est très sujette au mépris. Elle a besoin d'un grand tempérament pour ne pas donner dans le vulgaire, car son exagération l'a déjà discréditée parmi les gens d'esprit. Quelquefois elle consiste dans une éloquence muette et dans le savoir montrer la perfection comme par manière d'acquit ; car une sage dissimulation est une parade louable, cette même privation aiguillonnant plus vivement la curiosité. Sa grande adresse est de ne pas montrer toute sa perfection en une seule fois, mais seulement par pièces, pour en découvrir toujours davantage. Il faut qu'un bel échantillon engage à montrer quelque chose qui soit encore plus beau. Ce qui ne se voit point est comme s'il n'était point. Ton savoir n'est rien, si les autres ignorent que tu sais. Les choses ne passent pas pour ce qu'elles sont ; mais bien pour ce qu'elles paraissent être. Il y a beaucoup plus de sots que de gens d'esprit, ceux-là se paient de l'apparence ; et bien que ceux-ci s'arrêtent à la substance, la tromperie l'emporte, et fait que rien ne s'estime que par le dehors. À quoi sert la réalité sans l'apparence?... Aujourd'hui les politiques ne dogmatisent autre chose, sinon que la plus grande sagesse consiste à faire paraître. Savoir, et le savoir montrer, c'est doublement savoir. Pour moi, je dirai de l'ostentation ce que d'autres disent du bonheur : qu'une once d'ostentation vaut mieux que des quintaux de capacité sans elle. C'est une dispute politique de savoir si la réalité vaut mieux que l'apparence. Il y a des choses grandes en elles-mêmes qui ne le paraissent pas, et d'autres qui sont peu et paraissent beaucoup, tant l'ostentation fait effet. Il y a des hommes en qui le peu éclate beaucoup. Ce sont des gens de parade. Au contraire, nous avons vu des personnages éminents qui n'ont pas paru la moitié de ce qu'ils étaient, faute de savoir le montrer. Un grand homme terrassait tout le monde à la campagne, et appelé au conseil de guerre avait peur de chacun. L'ostentation donne un vrai lustre aux qualités héroïques et comme un second être à toutes choses, lorsque la réalité la cautionne ; car sans le mérite, ce n'est qu'une tromperie vulgaire. Elle ne sert qu'à découvrir les défauts et par conséquent, à faire mépriser au lieu de faire applaudir. Quelques-uns s'empressent fort de sortir pour se montrer sur le théâtre universel ; et ce qu'ils font est de publier leur ignorance que la retraite cachait honnêtement. Or, ce n'est pas là faire ostentation de ses talents, mais déclarer sottement ses défauts.

CCLXXI. — FUYEZ EN TOUT D'ÊTRE REMARQUABLE.

A l'être trop les perfections même seront des défauts. La singularité a toujours été censurée. La politesse même est ridicule si elle est excessive. Elle offense quand elle donne trop dans la vue. Cependant quelques-uns veulent être connus par les vices mêmes, jusqu'à chercher la nouveauté dans la méchanceté et à se piquer d'avoir un si mauvais renom. Il y a des gens qui trouvent un raffinement de plaisir dans la grandeur même de l'infamie. En fait même d'habileté, le *trop* dégénère en charlatanisme.

*
* *

CCLXXII. — LAISSEZ CONTREDIRE SANS RIEN DIRE.

Il faut distinguer quand la contradiction vient de la finesse ou de la rusticité ; car ce n'est pas toujours une opiniâtreté, c'est quelquefois un artifice. Prends donc garde à ne pas t'engager dans l'une, ni te laisser tomber dans l'autre. Il n'y a point de peine mieux employée que celle d'épier, ni de meilleure défense contre ceux qui veulent crocheter la serrure du cœur, que de mettre la clef de la retenue en dedans.

CCLXXIII. — L'HOMME DE BON ALOI.

Il ne reste plus de bonne foi. Les obligations sont mises en oubli : il y a peu de bonne réciprocité. Au meilleur service, la pire récompense. Aujourd'hui le monde est ainsi fait. Il y a des nations entières enclines à mal agir. Sois donc sur tes gardes. L'intégrité court risque de biaiser à la vue d'un procédé malhonnête ; mais l'homme de bien n'oublie jamais ce qu'il est à cause de ce que sont les autres.

CCLXXIV. — AYEZ L'APPROBATION DES HABILES GENS.

Un tiède *oui* d'un grand homme est plus à estimer que l'applaudissement de tout un peuple. Quand on a une arête dans le gosier, le reniflement ne fait point respirer. Les sages parlent avec jugement. Le prudent Antigonus faisait consister la renommée dans le témoignage de Zénon. Quelques-uns ne se soucient que de remplir leur estomac, sans regarder si c'est une denrée commune. Les souverains mêmes ont besoin de bons écrivains, dont les plumes leur sont plus à craindre qu'un portrait naïf aux laides.

CCLXXV. — SERVEZ-VOUS DE L'EXPÉDIENT DE L'ABSENCE POUR VOUS FAIRE RESPECTER OU ESTIMER.

Si la présence diminue la réputation, l'absence l'augmente. Celui qui étant absent passe pour un lion, ne paraît qu'une souris, étant présent. Les perfections perdent de leur lustre si on les regarde de trop près, parce qu'on regarde plutôt l'écorce de l'extérieur, que la substance et l'intérieur de l'esprit.

L'imagination porte bien plus loin que la vue. Celui qui se conserve dans le centre de la bonne opinion que l'on a de lui, conserve sa réputation.

CCLXXVI. — L'HOMME DE BONNE INVENTION.

L'invention marque un excès d'esprit; mais où se trouvera-t-elle sans un grain de folie ? L'invention est le partage des esprits vifs et de bon choix, celui des esprits solides. La première est plus rare et plus estimée. La nouveauté est insinuante dans les choses où il y va du jugement, elle est dangereuse parce qu'elle donne dans le paradoxe. Dans les choses où il ne s'agit que de subtilité, elle est louable; et si la nouveauté et l'invention s'associent bien, elles sont plausibles.

CCLXXVII. — NE TE MÊLE POINT DES AFFAIRES D'AUTRUI, ET TU NE SERAS POINT MAL DANS LES TIENNES.

Estime-toi si tu veux que l'on t'estime. Il en est de l'estime raisonnable de soi-même, comme de la charité bien ordonnée. Sois plutôt avare que prodigue de toi. Fais-toi désirer et tu seras bien reçu. L'objet de la vue est plus grand de près, mais celui du désir est plus grand de loin. Ne viens jamais que l'on ne t'appelle et ne va jamais que l'on ne t'envoie. L'homme qui est trop intrigant est en butte au mépris ; et comme il s'introduit sans honte, il est repoussé avec confusion.

CCLXXVIII. — IL NE FAUT PAS SE PERDRE AVEC AUTRUI.

Sache que celui qui est dans le bourbier ne t'appelle que pour se consoler à tes dépens quand tu seras embourbé avec lui. Tel qui durant leur prospérité leur tournait le dos, leur tend maintenant la main. Il faut bien aviser à ne se pas noyer en voulant secourir ceux qui se noient. Quand la rencontre est telle que l'assistance doit envelopper celui qui la donnera dans le malheur de celui qui la demande, il n'y a ni obligation, ni compassion qui puisse service d'excuse à cette imprudence. Jean Rufo voyant un prunier où les branches greffées portaient de meilleures et de plus grosses prunes que celles des branches naturelles, dit que c'était un exemple qui donnait à entendre que l'on se prévaut quelquefois de notre propre assistance contre nous-mêmes.

CCLXXIX. — IL NE FAUT PAS SE LAISSER OBLIGER ENTIÈREMENT NI PAR TOUTES SORTES DE GENS.

Car ce serait devenir l'esclave commun. Les uns sont nés plus heureux que les autres. Une des choses qui constituent la félicité de l'homme est de ne point dépendre de gens qui sont indignes de commander. La liberté est plus précieuse que tout don, et c'est la perdre que de recevoir. Un philosophe étant grondé par sa femme de ce qu'il avait refusé les présents d'un grand, lui dit : *C'est que j'ai mon ambition, comme cet homme a la sienne.* Il vaut mieux tenir les autres sous la dépendance que de dépendre d'un seul. Surtout garde-toi de tenir aucune obligation par faveur. Sois persuadé que le plus souvent l'on ne cherchera à t'obliger que pour t'engager.

CCLXXX.— N'AGISSEZ JAMAIS DURANT LA PASSION.

Autrement vous gâterez tout. Que celui qui n'est pas à soi, se garde bien de rien faire par soi; car la passion bannit toujours la raison. Ceux qui voient jouer les autres, jugent mieux que ceux qui jouent, parce qu'ils ne se passionnent pas. Quand on se sent de l'émotion, la retenue doit battre la retraite, à l'imitation de ce Spartiate qui disait à un de ses esclaves : *Je te battrais bien, si je n'étais en colère.* Il faut se retirer de peur de s'échauffer davantage la bile. Par quelques moments de furie on se prépare le sujet d'un long repentir et d'un grand murmure.

CCLXXXI. — VIVEZ SELON L'OCCASION.

Soit l'action, soit le discours, tout doit être mesuré au temps. Il faut vouloir quand on le peut; car ni la saison ni le temps n'attendent personne. Ne règle point ta vie sur des maximes générales si ce n'est en faveur de la vertu; ne prescris point de lois formelles à ta volonté, car tu seras dès demain forcé de boire de la même eau que tu méprises aujourd'hui. L'impertinence de quelques-uns est si paradoxale qu'elle va jusqu'à prétendre que toutes les circonstances d'un projet s'ajustent à leur manie, au lieu de s'accommoder eux-mêmes aux circonstances. Mais le sage sait que le *nord* de la prudence consiste à se conformer au temps. Les raisons de faire ou de ne pas faire quelque chose changent selon la condition des temps, la nature des affaires et la qualité des personnes avec qui l'on traite.

CCLXXXII. — CE QUI DISCRÉDITE DAVANTAGE UN HOMME EST DE MONTRER QU'IL EST HOMME.

La légèreté est le plus grand contrepoids de la réputation. Comme l'homme grave passe pour plus qu'un homme, de même l'homme léger passe pour moins qu'un homme. L'homme léger ne saurait être substantiel, et surtout s'il est vieux, attendu que son âge exige plus de prudence. Chez les enfants la légèreté est une gentillesse; chez les hommes faits, c'est un défaut honteux; mais chez les vieillards, c'est une folie monstrueuse.

CCLXXXIII. — C'EST UN BONHEUR DE JOINDRE L'ESTIME AVEC L'AFFECTION.

Pour être respecté il ne faut pas être trop aimé. L'amour est plus hardi que la haine. Quoiqu'il ne faille pas être trop craint, il n'est pas bon d'être trop aimé. L'amour introduit la franchise et, à mesure que celle-ci entre, l'estime sort. Il vaut mieux être aimé avec respect qu'avec tendresse. Tel est l'amour que demandent les grands hommes.

⁂

CCLXXXVI. — IL FAUT SAVOIR FAIRE UNE TENTATIVE.

Que l'adresse de l'homme judicieux contre-pèse la retenue de l'homme fin. Il faut un grand jugement pour mesurer celui d'autrui. Il vaut mieux connaître le caractère des esprits que la vertu des herbes et des pierres ; c'est là un des plus grands secrets de la vie. L'on connaît les métaux au son et les personnes au parler. L'intégrité se reconnaît aux paroles, mais encore plus aux effets.

⁂

CCLXXXV. — IL FAUT ÊTRE AU-DESSUS ET NON AU-DESSOUS DE SON EMPLOI.

Quelque grand que soit le poste, celui qui le tient doit se montrer encore plus grand. Un homme qui a de quoi fournir, va toujours en croissant et en se signalant davantage dans ses emplois ; au lieu que celui qui a le cœur étroit se trouve bientôt arrêté et est enfin réduit à ne pouvoir remplir ses obligations, ni soutenir sa réputation. Quelques-uns succombent sous le faix, d'autres s'y évertuent, la grandeur et l'importance des affaires leur servant d'aiguillon. C'est ici qu'il sert beaucoup d'avoir du cœur et une confiance raisonnable en soi-même.

CCLXXXVI. — DE LA MATURITÉ.

Elle éclate dans l'extérieur, mais encore plus dans les mœurs. La gravité est l'ornement des qualités par la vénération qu'elle leur attire, pourvu que ce ne soit pas une gravité affectée, son imitation est toujours un sujet de moquerie et de mépris.

L'extérieur de l'homme est la façade de l'âme. La maturité n'est pas une sotte convenance, ni une affectation de gestes précieux, comme le disent les étourdis, mais une autorité mesurée. Elle parle par sentences et agit toujours à propos. Elle suppose un homme fait, c'est-à-dire qui tient autant du grand personnage que de l'homme mûr. Dès que l'homme cesse d'être enfant, il commence à être grave et à se faire valoir.

CCLXXXVII. — IL FAUT SE MODÉRER DANS SES OPINIONS.

Chacun juge selon son intérêt et abonde en raisons dans tout ce que son appréhension lui représente. C'est ainsi que les philosophes appellent la première opération de l'esprit. La plupart des hommes font céder la raison à la passion. La raison est toujours fidèle, elle n'a jamais été à deux visages. C'est au sage de réfléchir sur un point si délicat, et, par là, son doute corrigera l'entêtement des autres. Qu'il se mette quelquefois du côté de son adversaire, pour examiner sur quoi il se fonde, et cela fera qu'il ne le condamnera pas, ni qu'il ne se donnera pas lui-même si facilement cause gagnée.

CCLXXXVIII. — IL FAUT FAIRE SANS FAIRE L'HOMME D'AFFAIRES.

Ceux qui en ont le moins sont ceux qui veulent en paraître accablés ; ils font mystère de tout et encore avec le plus grand sang-froid du monde. Chacun en rit à gorge déployée. La vanité a toujours été insupportable, mais ici elle est bafouée. Ces petites fourmis d'honneur vont mendiant la gloire des grands exploits. Montre le moins que tu pourras tes plus éminentes qualités. Contente-toi de faire et laisse aux autres de le dire. Donne tes belles actions, mais ne les vends point. Il ne faut jamais acheter des plumes d'or, pour les faire écrire sur de la boue. Pique-toi plutôt d'être un héros que de le paraître. Ces gens qui font les affairés vont à la chasse des occasions et les exagèrent. Toutes leurs affaires sont les premières du monde et toutes leurs actions sont des exploits. Toute leur vie est une suite de miracles que la renommée doit publier à son de trompe. Toute présomption a toujours passé pour sottise ; mais la vanterie est intolérable. Ceux-ci se contentent de l'apparence seule ; tant s'en faut que ce soit en eux une marque de sublimité, que de vouloir paraître ; au contraire cela montre leur petit esprit, puisque la moindre chose leur paraît autant que la plus grande. Ils rencontrent le mépris où ils cherchaient de l'estime. Leur vanité vient de bassesse du cœur. Il y en a d'autres qui font les ministres à outrance, grands hommes à grossir les objets, effet de l'amour-propre. Ils se donnent pour des gens accablés d'affaires, et par conséquent affamés de repos et de loisir. Ils font de grandes exclamations, et puis s'arrêtent tout court, pour surprendre davantage. Diogène dit un jour à un jeune fanfaron qui alléguait la multitude de ses affaires : *Qu'il avait bonne grâce de contrefaire la femme.* Il y a bien de la différence et même de l'opposition entre les grands *faiseurs* et les grands *diseurs*, car plus les premiers font de belles choses et moins ils affectent de les étaler. Les choses mêmes parlent assez. Les uns vendent à l'enchère ce que donnent les autres ; ils prennent à louage des plumes d'or, c est-à-dire des plumes vénales. Celles de la renommée ne sont pas d'or, parce qu'elles ne sont ni à vendre, ni à louer ; mais elles ont meilleur son que le plus pur argent. Elles ne sont d'aucun prix ; mais elles le donnent aux mérites.

CCLXXXIX. — L'HOMME DE PRIX ET DE QUALITÉS MAJESTUEUSES.

Les grandes qualités font les grands hommes ; une seule de celles-là est équivalente à toutes les médiocres ensemble. Un grand personnage doit faire en sorte que toutes les perfections de son esprit soient grandes. Tout doit être grand et majestueux dans un héros. Toutes ses actions et même toutes ses paroles doivent être revêtues d'une majesté transcendante.

CCXC. — FAITES TOUT COMME SI VOUS AVIEZ DES TÉMOINS.

C'est un homme digne de considération, que celui qui considère qu'on le regarde ou qu'on le regardera. Il sait que les parois écoutent et que les méchantes actions crèveraient plutôt que de ne pas sortir. Lors même qu'il est seul, il fait comme s'il était en la présence de tout le monde, parce qu'il sait que tout se saura. Il regarde comme des témoins présents ceux qui par leur découverte le seront après. Celui-là ne craignait point que ses voisins tinssent registre de tout ce qu'il faisait dans sa maison, qui désirait que tout le monde le vît.

CCXCI. — CHERCHEZ A AVOIR L'ESPRIT FECOND, LE JUGEMENT PROFOND ET LE GOUT FIN.

Ces trois choses sont un prodige et sont le plus grand don de la libéralité divine. C'est un grand avantage de concevoir bien et encore un plus grand de bien raisonner, et surtout d'avoir un bon entendement. L'esprit ne doit pas être dans l'épine du dos, ce qui le rendrait plus pénible qu'aigu. Bien penser, c'est le fruit de l'être raisonnable. A vingt ans, la volonté règne ; à trente ans l'esprit ; à quarante le jugement. Il y a des esprits qui, comme les yeux du lynx, jettent d'eux-mêmes la lumière et qui sont plus intelligents quand l'obscurité est plus grande. Il y en a d'autres qui sont d'*impromptu*, lesquels donnent toujours dans ce qu'il y a de plus d'à-propos. Il leur vient toujours beaucoup et tout bon, fécondité très heureuse ; mais un bon goût assaisonne toute la vie.

*_**

CCXCII. -- IL FAUT LAISSER AVEC LA FAIM.

Il faut laisser les gens avec le nectar sur les lèvres. Le désir est la mesure de l'estime. Jusque dans la soif du corps, c'est une finesse de bon goût de la provoquer et non de la contenter entièrement. Le bon est doublement bon lorsqu'il y en a peu.

Le rabais est grand à la seconde fois ; jouissance trop pleine est dangereuse, car elle est cause que l'on méprise la plus haute perfection. L'unique règle de plaire est de trouver un appétit que l'on a laissé affamé. S'il le faut provoquer, que ce soit plutôt par l'impatience du désir que par le dégoût de la jouissance. Une félicité qui coûte de la peine contente doublement.

CCXCIII. — ENFIN, IL FAUT ÊTRE VERTUEUX.

C'est dire tout en un mot. La vertu est la chaîne de toutes les perfections et le centre de toute la félicité. Elle rend l'homme prudent, attentif, dévoué, sage, vaillant, retenu, intègre, heureux, plausible, véritable et héros en tout. Trois le font heureux, la santé, la sagesse, la sainteté. La vertu est le soleil du petit monde (c'est-à-dire de l'homme qui est appelé le microcosme) et a la bonne conscience pour hémisphère. Elle est si belle qu'elle gagne la faveur du ciel et de la terre. Il n'y a rien d'aimable qu'elle, ni de haïssable que le vice. La vertu est une chose tout à fait bonne. Tout le reste n'est qu'une moquerie.

La capacité et la grandeur se doivent mesurer sur la vertu et non sur la fortune. La vertu n'a besoin que d'elle-même ; elle rend l'homme aimable durant sa vie, et mémorable après sa mort. La vertu est un bien que l'homme possède en propre et que personne ne lui saurait demander. Tout n'est rien sans elle, et elle seule est tout. Les autres biens sont de faux biens, elle seule est le véritable. Elle est l'âme de l'âme, la vie de la vie, le relief et la couronne de toutes les perfections et la perfection de tous les êtres. Si l'excellence mortelle est digne de nos désirs, l'éternelle doit être l'objet de notre ambition. C'est peu, ou même ce n'est rien que d'être héros en ce monde.

III

CCXCIV. — Le crime n'est qu'un faux jugement.

⁎

CCXCV. — La seule nécessité excite le désir d'apprendre.

⁎

CCXCVI. — Il est quelquefois dangereux d'avoir trop de mérite. Plus le mérite est grand, plus il a d'envieux.

⁎

CCXCVII. — L'habit n'est pas un des moindres moyens de plaire aux femmes.

※

CCXCVIII. — Aux amants tout est facile.

※

CCXCIX. — La fortune et la vertu s'accordent rarement.

※

CCC. — La religion étudiée est pour tous les hommes la règle infaillible des bonnes mœurs.

※

CCCI. — Plus on est élevé, plus on est en danger de tomber.

※

CCCII. — La fortune n'a pas seulement l'inconstance de la femme, mais encore la folie de la jeunesse.

°

CCCIII. — Les Romains ne se vengeaient qu'à force ouverte, parce qu'ils avaient l'âme grande et qu'ils croyaient à la vertu.

°

CCCIV. — L'abus qu'on fait d'une chose suppose le bon usage qu'on peut en faire.

°

CCCV. — L'hypocrisie est un hommage que le vice rend à la vertu. Elle garantit du moins les âmes faibles de la contagion du mauvais exemple.

CCCVI. — Si un pédant voit un mauvais pli dans la représentation d'une vieille robe *romaine*, cela le choque. Mais il ne s'aperçoit pas que la sienne tout usée a un trou au coude.

Il donnerait davantage pour un seul proverbe de *Salomon* écrit de sa propre main, que pour toute sa sagesse.

Il entend les langues savantes et sait à peine parler celle de son pays.

Il entend l'histoire ancienne et il ignore celle de son siècle.

Il ne prétend point qu'on le flatte; mais il se choque pourtant si on lui dit franchement la vérité.

On fuit sa compagnie comme le pilori, pour mettre à l'abri ses oreilles dont il est le persécuteur.

Il est enfin la peste de la société, le fléau de la presse, la ruine de son libraire. Le marchand de papier est le seul qui trouve son compte dans ses folies qui n'ont de cours que chez l'épicier et le marchand de tabac.

CCCVII. — La vanité d'un homme de guerre sera de dire que c'était par trop d'empressement ou par curiosité qu'il se trouva un certain jour à la tranchée, ou en quelque autre poste très périlleux, sans être de garde, ni commandé, et il ajoute qu'il en fut aigrement repris par son général.

CCCVIII. — On veut quelquefois cacher ses faiblesses ou en diminuer l'opinion, par l'aveu libre qu'on en fait. Tel dit: *Je suis ignorant,* qui ne sait rien ; *Je suis vieux,* lorsqu'il passe 60 ans ; *Je ne suis pas riche,* et de fait il est pauvre.

CCCIX. — L'on est si rempli de soi-même que tout s'y rapporte. L'on aime à être vu, à être montré, à être salué, même des inconnus. Ils sont fiers s'ils oublient. On veut qu'ils nous devinent.

CCCX. — Il y a deux vertus que les hommes admirent : la bravoure et la libéralité, parce qu'il y a deux choses qu'ils estiment beaucoup et que ces vertus font négliger : la vie et l'argent. Aussi personne n'avance par lui-même s'il n'est brave ou libéral.

CCCXI. — Nous faisons souvent par vanité ou par bienséance les mêmes choses et avec les mêmes dehors que nous les ferions par inclination ou par savoir. Tel vient de mourir de la fièvre qu'il a gagnée à veiller sa femme qu'il n'aimait point.

CCCXII. — Le faux brave est toujours le premier à tirer l'épée et le premier à gagner au pied, et s'il oblige un homme à quitter le champ de bataille, ce n'est que pour le poursuivre.

C'est une fausse pierre qui brille comme un diamant, mais auquel la dureté manque.

Il est fier dans ses menaces, mais il ressemble aux sorciers; si vous en tirez du sang, il ne saurait vous faire du mal.

Si on le traite doucement, il devient insolent, au lieu qu'il rampe comme un épagneul devant ceux qui le maltraitent.

CCCXIII. — Des petits maîtres sortent du logis comme un vaisseau qui sort de son port avec tous ses agrès, mais sans lest.

Ils craignent une pipe allumée autant que si c'était un canon braqué contre eux.

CCCIV. — Qui épargne un sol gagne un sol, dit le proverbe.

CCCXV. — Les plus cruelles ont enfin cédé à l'amour. Chacun sait que l'amour est aveugle ; mais il commence à voir clair dès qu'il commence à se ralentir.

CCCXVI. — Le bretteur reçoit un défi comme un billet doux, et une botte au travers du corps comme une marque de faveur.

CCCXVII. — Il ne craint en ce monde que les gendarmes et la prison.

CCCXVIII. — Le mariage est une des plus hardies entreprises dont nous soyons capables. Et il vaudrait mieux quelquefois qu'un homme allât à l'assaut d'une ville qu'à celui d'une femme.

Qui se hâte de se marier s'en repent à loisir; cela doit principalement s'appliquer à ces mariages qui se font dans d'autres vues que celle d'assouvir la convoitise de la chair.

CCCXIX. — La vanité, n'osant se montrer, se cache souvent sous les apparences d'une fausse modestie.

CCCXX. — L'on reçoit le reproche de la distraction et de la rêverie comme s'il nous accordait le bel esprit.

∗

CCCXXI. — On n'avoue que de petits défauts et encore qui supposent en soi de beaux talents et de grandes qualités.

∗

CCCXXII. — Le bretteur fait peu de dépenses en habits. Le tailleur en profite peu ; mais il vaut une pension annuelle à son chirurgien quoiqu'il n'ait que faire de lui tirer du sang.

∗

CCCXXIII. — La vraie valeur est la vertu dont les hommes font le plus d'estime.

Le faux brave qui n'a point de cœur cherche à couvrir la glace de son sang en faisant un faux feu qu'il veut faire passer pour véritable.

CCCXXIV. — Le mauvais poète a encore plus d'esprit dans ses poches qu'en tout autre endroit. S'il vous demande votre sentiment, il vous dit premièrement le sien, de peur que vous ne tombiez pas d'accord avec lui.

CCCXXV. — C'est quelque chose d'assez hardi que d'entreprendre le *caractère de*

l'*homme* qui n'en a point, ou s'il y en a, c'est celui de n'en avoir aucun qui soit suivi, qui ne se démente point et où il soit reconnaissable.

CCCXXVI. — On remarque toujours dans l'homme une inquiétude d'esprit, une inégalité d'humeur, une inconstance de cœur, une incertitude de conduite. C'est sa nature, il est ainsi fait... et s'emporter contre lui pour ses vices, c'est ne pouvoir supporter que la pierre tombe, ou que le feu s'élève.

Il souffre beaucoup à être toujours le même et s'il se délasse quelquefois d'une vertu par une autre vertu, il se dégoûte plus souvent d'un vice par un autre vice. Il y a des passions contraires et des faibles qui se contredisent, et il lui coûte moins de joindre les extrémités que d'avoir une conduite dont une partie puise à l'autre.

CCCXXVII. — Tel a été si corrompu et si libertin qu'il lui a été moins difficile de se faire dévot que d'être homme de bien. Dans cette inégalité un homme n'est pas un seul homme, il en est plusieurs; il se multiplie autant de fois qu'il a de nouveaux goûts et de manières différentes. Il est à chaque moment ce qu'il n'était point, et il va être bientôt ce qu'il n'a jamais été; en un mot, il se succède à lui-même.

Ne demandez pas de quelle complexion il est; mais quelles sont ses complexions; ni de quelle humeur, mais combien il y a de sortes d'humeurs.

Hier, un tel vous recherchait, il vous caressait, et vous donniez de la jalousie à ses amis. Aujourd'hui quelle glace pour vous, et direz-vous que c'est le même homme ?

⁎

CCCXXVIII. — Tout est étranger dans l'humeur, les mœurs et les manières de la plupart des hommes. Tel a vécu chagrin, emporté, soumis et laborieux qui était né gai, paisible, fier, paresseux.

Les besoins de la vie, la situation où l'on se trouve, la loi de la nécessité forcent la nature et y causent de grands changements.

Ainsi tel homme au fond et en lui-même ne se peut définir.

Trop de causes qui sont hors de lui l'altèrent, le changent, le bouleversent. Il n'est point précisément ce qu'il est ou ce qu'il paraît être.

Si l'homme en changeant de goût passait seulement d'une vertu à une autre, à la bonne heure; au lieu qu'il garde ses mœurs toujours mauvaises; ferme et constant dans le mal ou dans l'indifférence pour la vertu.

La corruption est si grande et si universelle qu'il est étonnant de voir ce qui s'appelle « raisonnable » plein de brutalité, de dureté, de fierté, d'injustice, d'ingratitude, d'amour-propre et sans égard pour les autres.

Si nous examinons sa vie, elle se passe toute à désirer. Il remet à l'avenir son repos et ses joies à cet âge souvent où les meilleurs biens ont déjà disparu : la santé et la jeunesse. Ce temps arrive qui le surprend encore dans les désirs; il en est là quand la fièvre le saisit et l'étreint. S'il eût guéri, ce n'était que pour désirer plus longtemps.

Il y a de certains biens que l'homme désire avec emportement et dont l'idée seule l'enlève et le transporte. S'il lui arrive de les obtenir, il les sent plus tranquillement qu'il ne l'eût pensé, il en jouit moins, il n'est jamais content et il aspire encore à de plus grands.

Si sa vie est misérable, elle en est souvent plus longue, s'il jouit de quelque douceur, elle en est souvent plus courte, et quel chagrin de la perdre ! On demanda à Ristippe ce que la philosophie lui avait appris : *A bien vivre avec tout le monde*, répondit-il.

* * *

CCCXXIX. — L'élévation des sentiments du cœur contribue beaucoup à élever les pensées et à faire dire de belles choses. Le moyen de comprendre, dans la première heure de la digestion, qu'on puisse quelque part mourir de faim !

CCCXXX. — Abstenez-vous des choses où vous n'avez pas besoin de réussir, parce qu'on est plus blâmé de les mal faire qu'on ne l'est de les ignorer.

CCCXXXI. — Il n'y a pas de plus beau moyen de se délivrer d'un ennemi que de l'obliger par des bienfaits à cesser de l'être.

CCCXXXII. — Il n'y a pour l'homme que trois grands événements : *naître, vivre* et *mourir*. Il ne se sent pas *naître*, sa *vie* n'est qu'un tissu de travaux et de misères. Cependant, il ne craint rien tant que la mort qui l'en délivre.

*_**

CCCXXXIII. — Au troisième et dernier âge, la raison dans sa force devrait produire; mais elle est refroidie et ralentie par les années, par la maladie et la douleur; déconcertée ensuite par le désordre de la machine qui est dans son déclin. Et ces temps néanmoins sont la vie de l'homme.

Les enfants savent à leur âge ce qu'ils ignorent dans la suite de leur vie; être les arbitres de leur fortune et les maîtres de leur propre félicité.

*_**

CCCXXXIV. — L'homme aime la vie qui le fuit et craint la mort qui le talonne ; il souhaite de vivre et craint de vieillir.

**
**

CCCXXXV. — Tout est tentation à qui la craint.

**

CCCXXXVI. — Les enfants se font et possèdent des trésors, ce sont des feuilles d'arbre ou des grains de sable.

La paresse, vice naturel aux enfants, disparaît dans leurs jeux, présage certain qu'ils pourront un jour négliger leurs devoirs, mais qu'ils n'oublieront rien pour leurs plaisirs.

Les enfants ne songent point au passé

ni à l'avenir; ils n'ont que le présent en vue pour jouir.

Ils ont ce que les vieillards n'ont plus: l'imagination et la mémoire.

Leurs mœurs sont assez les mêmes, et ce n'est qu'avec une anxieuse attention qu'on en pénètre la différence.

**

CCCXXXVII. — Celui-là n'est pas un sot à qui il échappe une sottise; mais bien celui qui en ayant fait une ne sait pas la cacher et surtout qui en commet d'autres.

**

CCCXXXVIII. — Couvre ton cœur d'une haie de défiance aux espions de ta pensée.

**

CCCXXXIX. — Sers-toi de la vérité même pour tromper ceux qui commencent à s'apercevoir de ta dissimulation.

CCCXL. — L'exagération sert à démêler la médisance et la calomnie.

CCCXLI. — Ne parle jamais par superlatifs.
Il est impossible de fixer la fortune ; elle veut être attendue, et alors elle récompense avec usure. Elle suscite de grands ennemis à ceux qu'elle veut élever.

Elle abandonne les hommes, parce qu'ils ne changent pas selon les temps, ni selon les affaires.

CCCXLII. — L'homme de bien se pique plus d'être constant que d'être habile. Il n'a point d'autres règles de ses actions que la conscience.

CCCXLIII. — Il est plus aisé de prévenir la médisance que d'y remédier. Sa plus haute vengeance est le mépris ou l'oubli.

CCCXLIV. — L'art d'oublier vaut mieux que l'art de se souvenir.

CCCXLV. — Le désir de l'homme est toujours un mensonge. Le mensonge est le premier en tout. Comme il est ordinaire, il est bon d'être incrédule. Celui qui ne ment jamais croit aisément.

*_**

CCCXLVI. — Il faut toujours conserver quelque chose de nouveau pour faire paraître le lendemain. Chaque jour, chaque échantillon.

*_**

CCCXLVII. — Pour être respecté, il faut être mêlé d'aigre-doux. Se plaindre des injures reçues, c'est exciter à nous en faire de nouvelles. Ne laisse jamais connaître ce qui te mortifie.

*_**

CCCXLVIII. — Trancher du grand, c'est se rendre odieux. Il y va d'une grande adresse à si bien exposer en vente ses talents, que le désir universel y mette l'enchère.

⁎

CCCXLIX. — Ne se passionner jamais, c'est la marque d'un grand cœur. Les passions sont les brèches de l'esprit et les évanouissements de la réputation. Une fois connues, on connaît toutes les autres et toutes les faiblesses de la volonté. Pour être sage, il faut mener les passions par la bride; dès qu'elles excèdent, l'esprit devient malade. Le premier pas de la modération est de s'apercevoir que l'on se passionne. La manière d'agir se sent toujours de l'humeur où nous sommes quand nous agissons. L'homme prévenu de passion parle toujours des choses autrement qu'elles ne sont.

Quand tu n'es pas à toi, tu ne fais rien par toi-même.

***

CCCL. — Quand on parle aux princes, il faut tenir un milieu entre la hardiesse et l'air interdit. Les rois travaillent plus de la tête que des mains. Leur vertu, au dire de Tacite, consiste à conquérir. Rien ne leur inspire plus d'ambition que le bruit de la renommée de leurs devanciers. La majesté est plus respectée de loin. L'oreille est la sibylle des princes. Les princes ne se doivent jamais entrevoir. Ils ont des favoris par politique. Ils obéissent au temps comme les sujets leur obéissent. Léur confiance n'est pas tant une faveur qu'un impôt. Leur secret est un trésor qui se convertit quelquefois en charbon ardent; ils haïssent ceux qui le savent.

CCCLI. — La reconnaissance est à charge.

CCCLII. — La réputation est l'usufruit de la renommée. Le moyen de la conserver est de ne pas tout montrer dès la première fois, ce qui sert dans l'occasion à doubler de prix. Par l'affectation, on entre dans l'estime ; elle dépend d'autrui, il faut donc la mériter et l'attendre. Si tu veux être révéré, laisse-toi connaître, mais non comprendre. Ne laisse point voir le fond de ta capacité. Tâche de paraître infini. Il ne se faut jamais populariser ; en s'humanisant, on s'attire du mépris. Fais-toi désirer et tu seras estimé. La réputation consiste plus dans la manière que dans le fait. Les difficultés et les dangers sont les causes et les aiguillons de la réputation. Manquer une entreprise, c'est ouvrir la porte au mépris. Compte que l'envie remarquera toutes tes fautes. N'épuise jamais la source d'enseigner et de donner. La vie civile est pleine d'écueils où la réputation se brise. L'absence l'augmente. Il faut mesurer son inclination avec ses forces.

CCCLIII. — Le sage tire un grand parti de ses ennemis, plus que le fou de ses amis. L'envie lui sert de miroir pour se corriger. Il trouve mieux son compte à ne se point engager pour vaincre. Il estime tout le monde parce qu'il sait ce que chacun a de bon. Celui-là n'est pas sage qui ne sait pas s'assister lui-même. L'on se met en passe d'homme sage en se conseillant bien. Le moyen de vivre longtemps, c'est de vivre bien ; c'est le chemin de l'immortalité. Le bon entendement est le remède universel contre les impertinences. La première science est de se connaître soi-même. Savoir vivre est aujourd'hui le vrai savoir. Le papier des imprimeurs enseigne l'art de vivre. Le silence est le sanctuaire de la prudence. Il excite la vénération. L'ignorance se retire quelquefois dans son sanctuaire. Les habiles gens tâtent le pouls à l'esprit, par la langue. Il faut parler comme si l'on dictait son testament. Un cœur sans secret, c'est une lettre ouverte.

***

CCCLIV. — Il y a une parenté de cœurs et de génies qui persuade sans parler.

⁎⁎⁎

CCCLV. — Il est impossible de gagner les cœurs sans être muni de sympathie.

⁎⁎⁎

CCCLVI. — La tromperie entre par les oreilles et sort par les yeux, elle est toute superficielle. Le pire est de se tromper en gens. Il est plus nécessaire d'étudier les hommes que les livres, leur connaissance vaut mieux que celle des pierres et des plantes. Pour se désabuser, il faut deviner. Il y a des espions du cœur et des intentions. Avec ceux qui veulent nous surprendre, il faut raisonner à contre-sens. La ruse est bien plus expéditive que la force.

La vérité arrive toujours la dernière, parce qu'elle a le temps pour guide. Il faut autant d'adresse pour savoir la taire : elle accouche de la haine.

CCCLVII. — Alexandre disait qu'il ne fallait rien laisser pour le lendemain. Auguste disait : « Assez tôt, si assez bien. » César quand il avait achevé une entreprise en commençait une autre. Il ne trouvait point de milieu entre tout et rien. Les grands exploits doivent s'exécuter sans délibérer.

CCCLVIII. — Il faut être maître de soi pour l'être des autres.

CCCLIX. — La précipitation engendre toujours des avortons.

*_**

CCCLX. — Il faut penser à loisir et exécuter promptement.

*_**

CCCLXI. — Il faut savoir tenir les esprits en suspens.

*_**

CCCLXII. — La bonne politique est d'aller selon le temps.

*_**

CCCLXIII. — Il est plus sûr pour un homme de cour d'être très obligé à son prince, que de l'obliger trop.

CCCLXIV. — Les hommes et les femmes conviennent rarement du mérite d'une femme : leurs intérêts sont trop opposés.

CCCLXV. — Les femmes ne se plaisent point les unes aux autres par les mêmes agréments qu'elles plaisent aux hommes. Mille manières qui allument dans ceux-ci de grandes passions, forment entre elles l'aversion et l'antipathie.

Une belle femme qui a les qualités d'un honnête homme est ce qu'il y a au monde d'un commerce plus délicieux ; on trouve en elle tout le mérite des deux sexes.

Un beau visage est le plus beau de tous les spectacles et l'harmonie la plus douce est le son de voix de celle que l'on aime.

Les femmes s'attachent aux hommes par les faveurs qu'elles leur accordent et ceux-ci guérissent par les mêmes faveurs.

Une femme oublie, d'un homme qu'elle n'aime plus, jusqu'aux faveurs qu'il a reçues d'elle.

Les femmes vont plus loin en amour que la plupart des hommes ; mais les hommes l'emportent sur elles en amitié. Les femmes sont extrêmes, elles sont meilleures ou pires que les hommes.

Un homme est plus fidèle au secret d'autrui qu'au sien propre ; une femme au contraire garde mieux son secret que celui d'autrui.

La plupart des femmes jugent du mérite et de la bonne mine des hommes par l'impression qu'ils font sur elles, et n'accordent ni l'un ni l'autre à celui pour qui elles ne sentent rien.

Il arrive quelquefois qu'une femme cache à un homme toute la passion qu'elle sent pour lui; pendant que de son côté il feint pour elle tout ce qu'il ne ressent pas.

Un homme peut tromper une femme par un feint attachement, pourvu qu'il en ait ailleurs un véritable.

Une femme insensible est celle qui n'a pas encore vu celui qu'elle doit aimer. Enfin il y a peu de femmes si parfaites qu'elles empêchent un mari de se repentir, au moins une fois le jour, d'avoir une femme, ou de trouver heureux celui qui n'en a point.

Ce n'est pas sans peine que bien des femmes plaisent moins.

Un homme de la ville est, pour une femme de province, ce qu'est pour une femme de la ville un homme de la Cour.

Un homme qui serait en peine de connaître s'il change, s'il commence à vieillir, peut consulter les yeux et le ton d'une femme qu'il aborde.

**
***

CCCLXVI. — Les jeunes gens, à cause des passions qui les amusent, s'accommodent mieux de la solitude que les vieillards.

Un vieillard qui a vécu à la Cour, qui a un grand sens et une mémoire fidèle, est un trésor inestimable. On apprend entre autres choses de lui des règles pour la conduite et pour les mœurs, qui sont toujours sûres, parce qu'elles sont fondées sur l'expérience. Les vieillards sont ordinairement avares. Ils se privent; ce n'est pas toujours pour leurs enfants, car il n'est pas naturel d'aimer quelque chose plus que soi-même. D'ailleurs, il s'en trouve qui n'ont point d'héritiers, mais les vieillards s'abandonnent aussi naturellement à l'avarice qu'ils suivaient leurs plaisirs dans leur jeunesse, ou leur ambition dans l'âge viril. Pour être avare il ne faut ni vigueur, ni jeunesse, ni santé. L'on n'a nul besoin de s'empresser ou de se donner le moindre mouvement pour épargner ses revenus ; il faut seulement laisser son bien dans les coffres et ne s'en point servir. Cela est commode aux vieillards à qui il faut une passion parce qu'ils sont hommes.

Il est des vieillards qui doublent et renforcent les liens qui les attachent à la vie et qui veulent bien employer ce qui leur en reste à en rendre la perte plus douloureuse.

Un vieillard est fier, dédaigneux et d'un

commerce difficile s'il n'a pas beaucoup d'esprit.

⁂

CCCLXVII. — Un homme qui n'a de l'esprit que dans une certaine médiocrité est sérieux et tout d'une pièce, il ne rit point, il ne badine jamais, il ne tire aucun fruit de la bagatelle, enfin il est aussi incapable de s'élever aux plus grandes choses que de s'accommoder même par relâchement des plus petites.

⁂

CCCLXVIII. — Il est des hommes que la fortune aveugle, sans choix et sans discernement, a comme accablés de ses bienfaits, qui en jouissent avec orgueil et sans modération. Leurs yeux, leur démarche et leur ton de voix marquent en eux l'admiration où ils sont d'eux-mêmes et de se voir si éminents ; enfin ils deviennent si farouches que leur chute seule peut les apprivoiser.

CCCLXIX. — Il y a des esprits qui ne sauraient se renfermer dans ce qu'ils ont de force et d'étendue. Se jetant hors de leur sphère, ils trouvent eux-mêmes leur faible et se montrent par cet endroit. On voit clairement ce qu'ils ne sont pas et il faut deviner ce qu'ils sont en effet.

CCCLXX. — L'homme du meilleur esprit est inégal, il souffre des accroissements et des diminutions, il entre en verve et en sort. Alors, s'il est sage, il parle peu, il n'écrit point, il ne cherche point à plaire. Il y a des esprits qui parviennent en blessant toutes les règles de parvenir, qui tirent de leur irrégularité et de leur folie tous les fruits de la sagesse la plus consommée. Ils finissent et rencontrent inopinément un avenir qu'ils n'ont ni craint ni espéré. Ce qui reste d'eux sur la terre, c'est l'exemple de leur fortune, fatal à ceux qui voudraient les suivre.

CCCLXXI. — Les postes éminents rendent les grands hommes encore plus grands et les petits beaucoup plus petits.

CCCLXXII. — Nous cherchons notre bonheur hors de nous-mêmes et dans l'opinion des hommes que nous connaissons flatteurs, peu sincères, sans équité, pleins de caprices, d'envie et de préventions. Quelle bizarrerie !

**

CCCLXXIII. — Les hommes comptent presque pour rien toutes les vertus du cœur et idolâtrent les talents du corps et de l'esprit. Celui qui dit froidement de lui qu'il est bon, qu'il est constant, fidèle, sincère, équitable, reconnaissant, n'ose dire qu'il est vif, qu'il a la peau douce et les dents belles. Cela est trop fort.

**

CCCLXXIV. — Des femmes entendent fort bien tous leurs intérêts, à l'exception d'un seul, c'est qu'elles parlent toujours et n'ont point d'esprit.

*_

CCCLXXV. — Il est un genre de philosophes impertinents, de ces gens qui tiennent magasin de coquilles, d'insectes, de vers, mouches, araignées, sauterelles, tortues, limaçons, lézards, chenilles, guêpes, pierres, mousses, herbes, etc... Ils estiment plus un *caméléon,* ou un œuf de *salamandre* que tout le sucre et toutes les épices des Indes Orientales et Occidentales, et donneraient volontiers davantage pour une coquille de mer à leur gré que pour une flotte entière de harengs.

Leur caisse abonde de monnaie antique et ils estiment plus une pièce d'Alexandre que toutes ses conquêtes. Leur cabinet, semblable à l'arche de *Noé*, est le rendez-vous de toutes sortes de créatures.

⁂

CCCLXXVI. — L'âme se proportionne insensiblement aux objets qui l'occupent, et ce sont les grandes occasions qui font les grands hommes.

⁂

CCCLXXVII. — Pour apprendre la vertu, science sublime des âmes simples et qui est gravée dans tous les cœurs, il suffit, dis-je, pour en connaître les lois, de rentrer en soi-même, d'écouter la voix de sa conscience dans le silence des passions.

※※

CCCLXXVIII. — Il y a de l'éloquence à se taire quand le malheur ne peut être exprimé.

※※

CCCLXXIX. — L'on fuit ceux à qui l'on a trop d'obligation.

Paris. — Imp. des ARTS ET MANUFACTURES et DUBUISSON, 12, rue Paul-Lelong. — Barnagaud imp. 2227.

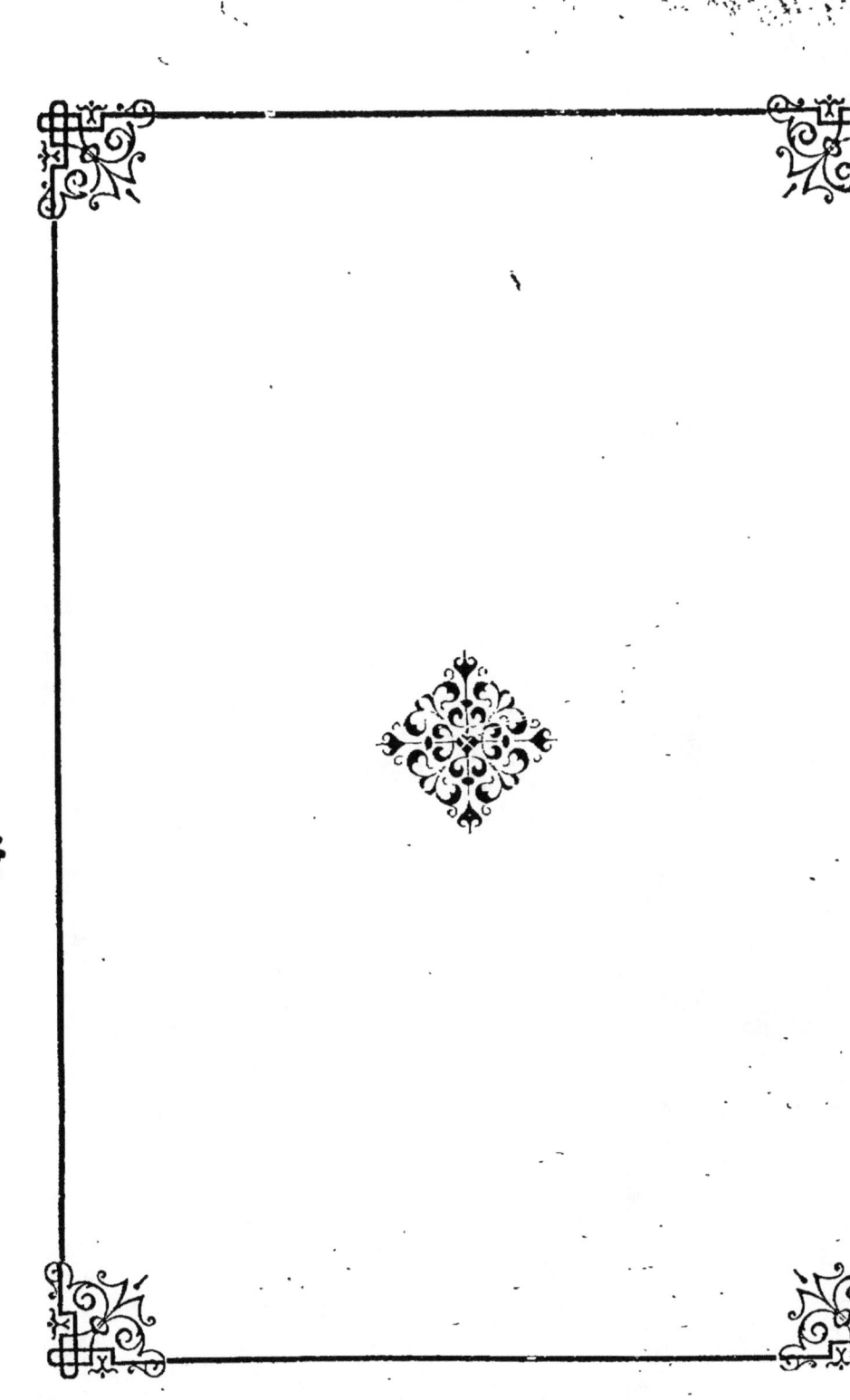

www.ingramcontent.com/pod-product-compliance
Lightning Source LLC
Chambersburg PA
CBHW070757170426
43200CB00007B/820